시리즈4 · 여호수아, 사사기, 룻기

문답으로 기억되는 성경

김백문 지음

쿰란출판사

서문

초대교회 시대와 오늘날이 다른 점은, 그때는 성경이 구약만 있었고 신약은 없었다는 것입니다. 예수님의 말씀이 사도들 안에 옮겨져 신약이 될 말씀들이 사도들 안에 있었던 것입니다. 이것을 성령이라고 하는데 사도들이 한 말이 오늘날로 하면 곧 성경입니다

히브리서 3장 7–8절에 "성령이 이르신 바와 같이 오늘날 너희가 그의 음성을 듣거든 노하심을 격동하여 광야에서 시험하던 때와 같이 너희 마음을 강퍅케 하지 말라" 하였고, 히브리서 3장 15절에 "성경에 일렀으되 오늘날 너희가 그의 음성을 듣거든 노하심을 격동할 때와 같이 너희 마음을 강퍅케 하지 말라" 하였습니다. 여기서 성령이 하시는 말씀이 곧 성경 말씀이고 성경 말씀이 곧 성령이 하시는 말씀인 것을 알게 합니다.

초대교회 사도들에게는 그 심령 속에서 성령으로 지시하셨습니다. 그러나 지금은 하나님의 지시가 성경 말씀에서 내리십니다. 구약시대 언약궤가 있기 전에는 하나님께서 공중에서 지시하셨고, 언약궤 이후로는 언약궤 앞에서 지시하셨고, 예수님 오신 후에는 예수님을 통해서 지시하셨고, 예수님께서 돌아가신 후에는 사도들에게 그 말씀이 옮겨져서 사도들이 지시를 내리셨고 그 말씀이 이제는 성경책으로 옮겨져서 그 성경이 우리의 삶에 지시를 하십니다. 그러므로 성경이 곧 하나님의 말씀이요 하나님의 성전이며 하나님의 보좌입니다

하나님의 영이 성경 말씀 안에 계셔서 우리의 삶에 바른 길과 그릇된 길을 분별케 하십니다. 하나님의 지시는 성경을 통해서 내리십니다. 그러므로 사람이 꿈이나 환상을 통해서 하나님의 지시를 받았다 해도 그것을 성경과 비교해서 성경 말씀과 다르면 그 꿈과 환상은 버려야 합니다.

모든 말씀은 성경으로 분별해야 합니다. 예수님이 말씀하신 요한복음 15장 26절에 "아버지께로서 나오시는 진리의 성령이 오실 때에 그가 나를 증거하실 것이요"라고 한 진리의 성령이 바로 성경인 것입니다.

"너희가 성경에서 영생을 얻는 줄 생각하고 성경을 상고하거니와 이 성경이 곧 내게 대하여 증거하는 것이로다"(요 5:39).

구약성경은 신약성경을 증거한 것이고 신약성경의 핵과 그 중심은 예수 그리스도이십니다. 그렇다면 교회의 예배 중심이 무엇이 되어야 할까요? 성경을 상고하는 것을 예배라 해야 합니다.

우리는 성경공부를 통해서 영생을 얻을 수 있습니다. 호세아 4장 6절에 "내 백성이 지식이 없으므로 망하는도다"라고 했습니다 무엇이 지식인가요? 성경이 영생을 얻게 하는 지식이요, 성경을 통해서 예수 그리스도에 대한 지식을 얻는 것입니다.

그러므로 우리는 성경을 공부하고 성경을 상고해야 합니다. 성경공부는 하루에 되는 것도 아니며 단시일에 다 이룰 수 있는 것도 아닙니다. 일생을 걸고 꾸준히 공부하는 인내력이 육의 사람에서 영의 사람을 만드는 능력입니다.

영적 사람의 소중함을 배우게 되면 예수의 영을 이루는 일이 생각보다 어렵지 않습니다. 부지런하고 성실히 하면 하나님께서 약속하신 그 영생이 여러분에게 이루어짐이 필연적일 것입니다. 여러분의 꿈이 이루도록 늘 기도하겠습니다.

2016년 1월

저자 김백문 목사

(다음 카페 Thebible)

* 이 책에 사용된 성경구절은 개역한글판을 사용하였음을 밝혀둡니다.

목차

• 문답으로 기억되는 성경 1회

여호수아 (1–2장)

문1. "내 종 모세가 죽었으니 이제 너는 이 모든 백성으로 더불어 일어나 이 요단을 건너 내가 그들 곧 이스라엘 자손에게 주는 땅으로 가라." 이 말씀은 누가 누구에게 명한 말씀인가요?

답: (1:1) ______________________________

문2. 너희 발바닥으로 밟는 곳을 내가 다 너희에게 주었노니, 어디서 어디까지 그들의 지경이 되라 하셨나요?

답: (1:4) ______________________________

문3. "너의 평생에 너를 능히 당할 자가 없으리니 내가 모세와 함께 있던 것같이 너와 함께 있을 것임이라 내가 너를 떠나지 아니하며 버리지 아니하리니 마음을 강하게 하고 담대히 하라 너는 이 백성으로 내가 그 조상에게 맹세하여 주리라 한 땅을 얻게 하리라……." 5절부터 9절까지 하신 이 말씀은 하나님 여호와께서 누구에게 하신 말씀인가요?

답: (1:1) ______________________________

문4. 여호수아가 백성의 유사들에게 "진중의 백성에게 명하라, 3일 안에 너희가 이 요단 강을 건너 가나안 땅을 얻기 위하여 들어갈 것이라" 하고 각자 무엇을 예비하라 하였나요?

답: (1:11) ______________________________

문5. 여호수아는 이스라엘 열두 지파 중 세 지파에게 특별한 명령을 내렸습니다. '너희 처자와 가축은 모세가 너희에게 준 요단 이편에 머무르려니와 너희 용사들은 무장하고 너희의 형제보다 앞서 건너가서 그들을 돕고 그들이 그 땅에 정착하거든 너희에게 준 요단 동편으로 돌아와서 거기 거하라' 고 한 여호수아의 특별한 그 명을 받은 세 지파는 어느 지파였나요?

답: (1:12) ______________________________

문6. 여호수아의 그 명을 받은 그들 지파의 용사들이 대답한 말을 16-18절까지 읽고 세 가지로 나누어 쓰세요.

답: ① (16절)______________________________

② (17절)______________________________

③ (18절)______________________________

문7. 눈의 아들 여호수아가 싯딤이라 하는 아카시아 언덕(민 33:49)에서 정찰병 두 명에게 요단 강을 건너가서 여리고 일대의 상황을 몰래 조사해 오라고 명하였습니다. 이 아카시아 골짜기는 발람이 지시한 모압 여인들의 계교에 빠진 이스라엘 백성들이 모압 여인과 간음하고 또 그들의 우상에게 제사하므로 여호와의 진노를 받아 2만 4천 명이 죽었던 곳이며, 옛날 아브라함 때에 엘람 왕(창 14:3) 그돌라오멜 등 네 왕이 소돔의 다섯 왕과 대접전을 벌여 소돔에 살던 아브라함의 조카 롯과 그의 모든 가족을 다 끌고 갔던 곳입니다. 이곳에서 명을 받고 떠난 두 정찰병이 여리고로 잠입하여 밤에 유숙하려고 어떤 여관에 들어갔는데 그 집의 주인은 어떤 사람이었나요?

답: (2:1) ____

문8. 이스라엘이 정탐꾼을 보냈다는 정보를 입수한 여리고 왕이 라합에게 사람을 보내어 '이스라엘 사람 몇이 네 집에 들었다는데 그들을 끌어내라. 그들은 이 땅을 탐지하러 온 간첩이다' 라고 하였습니다. 그 말을 들은 라합은 여리고 왕이 보낸 자들에게 뭐라고 말했나요?

답: (2:4-5) ____

문9. 기생 라합의 말을 들은 사람들은 그들을 잡으려고 요단 길로 나루턱까지 쫓아갔습니다. 그러나 사실 라합은 이스라엘의 두 정탐꾼을 어떻게 했나요?

답: (2:6) ____

문10. 정탐꾼들이 잠들기 전에 라합은 지붕에 올라가서 그들에게 말했습니다. '여호와께서 이 땅을 너희에게 주신 것을 나는 안다. 나뿐 아니라 이 땅의 모든 백성들은 너희를 심히 두려워하며 간담이 서늘해 하고 있다. 그것은 너희가 애굽에서 나올 때 홍해를 마르게 하신 일, 요단 저편에 있는 아모리의 두 왕 시혼과 옥을 전멸시킨 일 등을 들었기 때문이다. 너희 하나님 여호와는 상천하지에 제일가는 신이시다. 그래서 내가 당신들에게 청한다. 내가 너희를 선대하였은즉 너희도 내 아버지의 집을 선대하여 내 부모 형제와 무릇 그들의 가족 모두 살려 주어 우리 생명을 죽는 데서 건져 달라. 이제 여호와로 맹세하고 내게 진실한 표를 달라.' 이에 그 정탐꾼들이 기생 라합에게 어떻게 말했으며 어떤 표를 주었나요?

답: (2:14, 18)

①__________________________________

② __________________________________

문11. 라합이 두 정탐꾼을 어떤 방식으로 도망치도록 도왔나요?

답: (2:15-16) __________________________________

문12. 라합이 정탐꾼을 도피시킨 후 그녀의 집 창문에 무엇을 하였나요?

답: (2:21) __________________________________

문13. 두 정탐꾼이 사흘 후 산에서 내려와 강을 건너 여호수아에게 돌아갔습니다. 그리고 그들이 정탐한 모든 일을 고하고 또 무엇을 말했나요?

답: (2:24) __________________________________

• 문답으로 기억되는 성경 2회

여호수아 3–4장

문1. 여리고를 정탐한 정탐꾼이 돌아와 보고한 다음날, 여호수아와 이스라엘 모든 백성은 아침 일찍 일어나 싯딤을 떠나 요단에 이르러 강을 바로 건너지 않고 거기서 유숙하였다가 3일 후 유사들이 진중으로 두루 다니며 '너희는 레위 제사장들이 하나님 여호와의 언약궤 메는 것을 보거든 너희 곳을 떠나 그 뒤를 좇으라. 이제 너희가 한 번도 가보지 못한 길을 갈 것이며 제사장들이 너희를 인도할 것이다. 그러나 너희는 법궤를 가까이 하지 말고 너희와 법궤 사이의 간격을 유지해야 한다' 고 명했습니다. 그 간격이 얼마인가요?

답: (3:4) ______________________________

문2. 백성들이 요단 강을 건너려고 자기들의 장막을 떠날 때에 제사장들은 언약궤를 메고 백성들의 선두에서 걸었습니다. 그들이 요단 강에 도착했을 때는 추수 때라 강물이 강둑까지 넘쳐흐르고 있었습니다. 그런데 궤를 멘 제사장들이 강물에 발을 들여 놓는 순간 위에서부터 흘러내리던 물이 어찌되었나요?

답: (3:16) ______________________________

문3. 백성들보다 먼저 요단 강에 들어선 여호와의 언약궤를 멘 제사장들은 어찌하였나요?

답: (3:17) ______________________________

문4. 백성들이 요단 강을 다 건너자 여호와께서 여호수아에게 각 지파에서 한 사람씩 택하여 그들에게 요단 강 한가운데 제사장들이 서 있는 곳에서 12개의 돌을 가져와 오늘밤 너희가 유숙할 그곳에 두라 하셨는데, 돌을 가져다가 그곳에 두게 한 이유가 무엇인가요?

답: (4:6) ______________________________

문5. 여호수아가 제사장들이 멈추어 섰던 요단 강 가운데에 무엇을 하게 하였나요?

답: (4:9) ______________________________

문6. 르우벤 지파와 갓 지파와 므낫세 반 지파는 모세가 지시한 대로 완전무장하여 싸울 준비를 하고 백성들보다 먼저 요단 강을 건너 여리고 평야에 이르렀는데, 그 수호는 약 몇 명 정도였나요?

답: (4:13) ______________________________

문7. 이스라엘의 모든 백성들이 건널 수 있도록 멈춰 섰던 요단 강물이 언제부터 다시 흐르게 되었나요?

답: (4:17-18) ______________________________

문8. 이스라엘 백성이 요단 강에서 올라와서 여리고 동편 지경 길갈에 진을 쳤는데 그때가 몇 월 며칠이었나요?

답: (4:19) ______________________________

문9. 여호수아가 요단 강에서 가져온 열두 돌을 세우고 '훗날 너희 자손이 이 돌의 뜻을 묻거든 여호와께서 이스라엘 백성들로 마른 땅을 지나는 것같이 요단 강물을 멈추게 하신 기념이라 말하라' 고 했습니다. 그 열두 돌을 어디에 세웠나요?

답: (4:20) ______________________________

문10. 여호와께서 요단 강물을 너희 앞에서 마르게 하사 너희로 건너게 하신 것이 언제와 같았다고 하였나요?

답: (4:23) ______________________________

문11. 여호와께서 이스라엘로 백성 앞에서 이런 이적을 베푸심은 무엇 때문이라 하셨나요?

답: (4:24) ______________________________

• 문답으로 기억되는 성경 3회

여호수아 5-6장

문1. 요단 서편의 아모리 사람의 모든 왕과 해변의 가나안 사람의 모든 왕이 이스라엘 자손들의 연고로 정신을 잃을 정도로 두려워 떨며 당황한 이유가 무엇인가요?

답: (5:1) ______________________________

문2. 그때에 여호와께서 여호수아에게 이르시되 이스라엘 자손들에게 할례를 행하라 하였으므로 할례 산에서 이스라엘 자손들에게 할례를 행하였습니다. 그때 표피를 자르는 칼은 무엇으로 만들라 하셨나요?

답: (5:2) ______________________________

문3. 애굽에서 나온 모든 남자들은 이미 표피를 베어 할례를 받았을 터인데 왜 또다시 할례를 시행하게 했나요?

답: (5:6) ______________________________

____

문4. 표피를 자르고 할례를 받은 이스라엘 모든 남자들이 상처가 아물 때까지 진 중 각 처소에 머물러 있었습니다. 그때 여호와께서 여호수아에게 '내가 오늘 애굽에서 종살이 하던 너의 수치를 제거하였다' 고 말씀하셨습니다. 그래서 그렇게 말씀하신 그곳 이름을 무엇이라 부르게 되었나요?

답: (5:9) ______________________________

문5. 이스라엘 백성이 여리고 평야의 길갈에 진을 치고 있으면서 그달 곧 1월 14일 저녁에 유월절을 지켰습니다. 그리고 다음날 그들은 가나안 땅에 들어온 후 처음으로 그 땅의 농작물을 먹었습니다. 그것은 볶은 곡식과 무교병이었습니다. 그들이 40년 동안 먹어왔던 만나는 어찌되었나요?

답: (5:12) ______________________________

문6. 여호수아가 여리고에 가까웠을 때에 눈을 들어 본즉 한 사람이 칼을 빼어 손에 들고 그와 마주 섰습니다. 여호수아가 그에게 다가가서 묻기를 "너는 우리를 위하느냐 우리의 대적을 위하느냐" 하니 그가 말하기를 "나는 여호와의 군대장관으로 이곳에 왔다" 했습니다. 그래서 여호수아는 땅에 엎드려 절하고 "나의 주여 종에게 무슨 말씀을 하려 하십니까?" 하였습니다. 여호와의 군대장관이 여호수아에게 무엇을 말씀하므로 여호수아가 그대로 하였나요?

답: (5:15) ______________________________

문7. 여호와의 군대장관이 여호수아에게 "네 발에서 신을 벗으라 네가 선 곳은 거룩하니라" 고 한 이 말씀은 언제 어디서 누구에게 하셨던 말씀과 같은가요?

답: (출 3:1-5) ① 언제______________________________

② 어디서______________________________

③ 누구에게 ______________________________

문8. 여리고 성에 사는 사람들은 이스라엘 백성을 두려워하여 성문을 굳게 닫고 일체 출입을 금하였습니다. 그때 여호와께서 여호수아에게 이르시되 '내가 여리고 성과 그 왕과 용사들을 네 손에 붙였으니 너와 너의 모든 군사는 여리고 성 주위를 6일 동안 매일 돌되 엿새 동안 그리하라' 하였습니다. 성 주위를 매일 몇 번씩 돌라고 하셨나요?

답: (6:3) ______________________________

문9. 제사장 일곱 명은 각자 양각 나팔을 들고 언약궤 앞에서 행할 것이요, 제칠일에는 성을 돌며 제사장들이 양각 나팔을 길게 울려 불어서 그 나팔 소리가 너희에게 들릴 때에는 백성은 다 큰 소리로 외쳐라 그리하면 성벽이 무너져 내리리니 그때의 너희 모든 군대는 곧장 성 안으로 쳐들어가야 한다고 하셨습니다. 제칠일에는 제사장들은 나팔을 불며 성을 몇 번 돌라고 하셨나요?

답: (6:4) ______________________________

문10. 여호와가 명령한 대로 제사장들이 행진하며 나팔을 불었고 여호와의 언약궤는 그 뒤를 따랐습니다. 무장한 선두 부대는 제사장들 앞에 서고 후방 부대는 법궤 뒤에서 행군하였으며 나팔 소리는 계속 울려 퍼졌습니다. 여호수아가 백성에게 특별한 명령을 내렸습니다. 여호수아가 명한 특별한 명령이 무엇인가요?

답: (6:10) ______________________________

문11. 며칠 동안 이런 방법으로 성을 돌았나요?

답: (6:14) ______________________________

문12. 제칠일 새벽에 그들이 일찍이 일어나서 전과 같은 방법으로 일곱 번을 돌았는데 성을 일곱 번 돌기는 그날뿐이었습니다. 일곱 번째에 제사장들이 나팔을 불 때에 여호수아가 백성들에게 외치라는 명령과 함께 다음과 같은 세부사항을 지시하였습니다. '여호와께서 이 성을 여러분에게 주셨다. 이 성과 성 안의 모든 물건은 여호와께 바치는 제물로 여기서 완전히 부숴버리고 사람은 한 사람도 남김없이 다 죽여야 한다.' 그러나 누구만은 절대 죽이면 안 된다고 말했습니다. 그들은 누구인가요? 그리고 그들을 절대로 죽이면 안 되는 이유는 무엇인가요?

답: (6:17) ______________________________

문13. 여호수아는 백성에게 '전리품을 가질 생각은 아예 하지 말아야 한다. 이것은 이미 여호와께 바쳐진 것이므로 모두 소멸해버려야 한다. 여호와께 바쳐진 것은 무엇이든지 너희가 그것을 가지면 모든 이스라엘 백성에게 재앙이 내릴 것이다. 그러나 구별하여 여호와의 창고에 들여 놓아야 할 제품이 있다. 그것들은 소멸하지 말라' 고 하였습니다. 그것은 무엇인가요?

답: (6:19) ____

문14. 드디어 제사장들이 부는 나팔 소리를 듣고 백성들이 일제히 큰 소리로 외쳤습니다. 그러자 무슨 일이 일어났나요?

답: (6:20) ____

문15. 성벽이 무너지자 백성들이 각기 성에 들어가서 성중에 있는 것을 다 멸하되 남녀, 노유, 우양과 나귀를 칼로 멸하였습니다. 정탐한 두 사람이 라합과 그 부모와 그 형제와 그에게 속한 모든 것을 이끌어내고 또 그 친족도 다 구출해냈습니다. 그들을 어디로 피신시켰나요?

답: (6:23) ____

문16. 그날 여리고 성의 모든 것이 다 불탔고 금, 은, 동, 철로 된 기구는 여호와의 창고에 들여놓았습니다. 그날 구출된 기생 라합과 그의 가족과 친족들은 어떻게 되었나요?

답: (6:25) ____

문17. 특별히 기생 라합은 마태복음 족보에 기록되었습니다. 기생 라합은 이스라엘 가운데 누구와 결혼하여 누구를 낳았나요?

답: (마 1:5) ____

문18. 여리고 성을 함락하여 접수한 여호수아는 맹세로 엄중한 경고를 내렸습니다. 그 내용이 무엇인가요?

답: (6:26) ____________________

____

여호수아 7–8장

문1. 이스라엘 백성 중에 전리품에 관한 여호와의 명령을 어기고 죄를 범한 자가 있었습니다. 그가 여호와께 바친 물건 일부를 훔쳤으므로 여호와께서 이스라엘에게 진노하셨습니다. 하나님께 바친 물건을 훔친 사람은 어느 지파 누구였나요?

답: (7:1) ______________________________

문2. 여리고 성을 점령한 직후에 여호수아는 여리고에서 몇 명의 정찰병을 보내 벧엘 동편 벧아웬 곁에 있는 아이 성을 탐지해 오라고 지시했습니다. 그들이 아이 성을 탐지하고 돌아와서 여호수아에게 보고했습니다. "아이 성을 치기 위해서 모든 군대가 다 올라갈 필요는 없습니다. 그곳은 2~3천 명 정도면 충분히 칠 수 있는 조그만 성입니다." 그래서 3천 명 정도의 병력만 보냈는데 그곳에서 이스라엘 군이 보기 좋게 패하여 아이 군대 앞에서 도망치고 말았습니다. 아이 군사가 이스라엘 군을 죽이고 도망치는 이스라엘 병사를 추격하여 성문에서 스바림까지 쳤으므로 이스라엘 군은 기진맥진한 채 전의를 상실하고 떨게 되었습니다. 그때 아이 군에게 죽은 이스라엘 군사는 몇 명 정도 되었나요?

답: (7:5) ______________________________

문3. 여호수아는 옷을 찢고 이스라엘 장로들과 함께 여호와의 궤 앞에서 땅에 엎드려 머리에 티끌을 쓰고 저물도록 있다가 여호와께 부르짖었습니다. "슬프도소이다 주 여호와여! 이스라엘이 그 대적 앞에서 돌아섰으니 내가 무슨 말을 하오리이까? 가나안 사람과 이 땅 모든 거민이 이를 듣고 우리를 둘러싸고 우리 이름을 세상에서 끊으리니 주의 크신 이름을 위하여 어떻게 하시려나이까?" 그때 여호와께서 여호수아에게 무슨 말씀을 하셨나요?(10-11절까지에서만 답을 써 주세요)

답: (7:10–11) ____________________

____

문4. 하나님께서 여호수아에게 "그러므로 이스라엘 자손들이 자기 대적을 능히 당치 못하고 그 앞에서 돌아섰나니 이는 자기도 바친 것이 됨이라 그 바친 것을 너희 중에서 멸하지 아니하면 내가 다시는 너희와 함께 있지 아니하리라" 하시고 "너의 중에 바친 물건이 있나니 네가 그 바친 물건을 너의 중에서 제하기 전에는 너의 대적을 당치 못하리라" 말씀하셨습니다. 그리고 무엇을 하고 내일을 기다리라고 하셨나요?

답: (7:13) ____________________

문5. 다음날 아침 일찍 여호수아가 이스라엘 백성을 각 지파별로 여호와 앞에 가까이 나오게 했을 때, 그중에서 바친 물건을 가진 지파로 어느 지파가 뽑혔나요?

답: (7:16) ____________________

문6. 유다 지파를 각 집안 별로 나오게 했을 때 ① 어느 집안이 뽑혔고, 집안 별로 나오게 하자 거기서는 ② 어느 가족이 뽑혔으며, 마지막으로 그 가족 중에서 남자들을 한 사람씩 나오게 하자 ③ 누가 범인으로 뽑혔나요?

답: (7:17-18) ①________________________________

②________________________________

③________________________________

문7. 그때 여호수아가 아간에게 말했습니다. '너는 이스라엘의 하나님 여호와께 사실을 말하고 죄를 고백하여라. 네가 한 일을 하나도 숨기지 말고 낱낱이 내게 말하라.' 그러자 아간이 여호수아에게 무엇을 자백했나요?

답: (7:20-21) ________________________________

____

문8. 여호수아의 명을 받은 몇 사람이 아간이 도적한 물건들을 그의 장막에서 백성들이 있는 곳으로 가져와 여호와 앞에 쏟아놓자 여호수아가 아간의 아들, 딸, 은과 금덩이와 외투, 소, 나귀, 양들, 그의 장막 등 무릇 그에게 속한 모든 것을 이끌고 어디로 갔나요?

답: (7:24) ________________________________

문9. 그곳에서 여호수아가 아간에게 무슨 말을 했으며, 그에게 속한 모든 것들을 어떻게 처리했나요?

답: (7:25-26) ________________________________

문10. 그런 다음 그들이 처형된 곳에 이스라엘 백성들이 그 위에 큰 돌 무더기를 쌓고 ① 그곳 이름을 무엇이라 불렀나요? 그리고 ② 여호와께서는 이스라엘을 대하여 어찌하셨나요?

답: (7:26) ①____

②____

문11. 여호와께서 여호수아에게 이르시되 "너는 두려워하거나 놀라지 말고 전 군사를 이끌고 아이 성을 치러 올라가라. 내가 이미 아이 성과 그 왕과 그 백성과 그 땅을 모두 네 손에 넘겨주었다. 너는 여리고와 그 왕에게 행한 것 같이 아이와 그 왕에게 행하라. 그리고 여리고 성과는 달리 아이에서 약탈한 물건과 가축은 너희가 다 가져도 좋다" 고 하셨습니다. 왜 하나님 여호와께서는 여리고 성에서 탈취한 물건을 하나님께 바쳐진 물건이라 하시고 그곳에서 탈취한 것을 취한 자는 도적질하고 사기하였다 하시며 아이 성에서 탈취한 것은 너희가 가져도 좋다고 하셨나요?(참조. 출 13:12, 23:19; 민 18:12; 레 27:26)

답: ____

____

문12. 여호수아는 아이 성을 칠 주력 부대와 함께 떠나기에 앞서 매복할 병력을 뽑아 작전 명령을 하달하였습니다. "너희는 성읍 뒤로 가서 멀리 떨어지지 않은 지점에 매복하여 공격 준비를 하고 있다가 내가 인솔하는 주력 부대가 성을 치러 가까이 가면 아이 성 군사가 싸우러 나올 것이다. 그때 우리가 싸우는 척하다가 도망하면 아이 군사가 도망치는 우리 군사를 쫓아나올 것이다. 우리는 그들을 유인하여 그들이 성에서 다 빠져나올 때까지 도망할 것이다. 그들은 처음 전투에서 우리를 쫓아와 친 것같이 멀리 따라

나올 것이다. 그때 너희는 매복한 곳에서 일어나서 그 성읍을 점령하라. 너희 하나님 여호와께서 그 성을 너희 손에 붙이시리라. 너희가 성읍을 취하거든 그 성을 불살라 여호와의 말씀대로 행하라." 그들이 밤에 아이 서편 벧엘과 아이 사이에 매복하였습니다. 그때 매복조로 뽑힌 용사는 몇 명이었나요?

답: (8:3) ______________________________

문13. 용사를 매복시킨 여호수아는 그 밤에 백성 가운데서 잔 후, 아침에 일찍이 일어나서 백성을 점검하고 이스라엘 장로들로 더불어 백성 앞서 아이로 올라갔습니다. 그를 쫓는 군사도 다 올라가서 성읍 가까이 이르러 아이 북편에 진 치니 그와 아이 사이에는 한 골짜기가 있었습니다. 여호수아는 또 다른 병력 5천 명을 뽑아 아이 성 서쪽 벧엘과 아이 사이에 매복시켰습니다. 여호수아는 그날 밤을 계곡에서 보냈는데 아이 왕이 이것을 보고 병력을 이끌고 요단 계곡을 향해 달려나왔습니다. 성 뒤에 이스라엘 병력이 매복하고 있는 것을 모르는 그들은 패한 척하고 도망치는 이스라엘 군대를 뒤쫓았고, 여호수아의 유인 작전에 말려들어 적군은 성문을 활짝 열어 놓은 채 성에서 멀리 떠났기 때문에 성은 무방비 상태였습니다. 바로 그때 여호와께서 여호수아에게 무슨 말씀을 하셨나요?

답: (8:18) ______________________________

문14. 여호수아가 단창을 들어 신호를 보내는 순간 매복하고 있던 이스라엘 군이 일제히 일어나 성 안으로 돌격하여 성을 점령과 동시에 성에 불을 질렀습니다. 이때 도망가던 이스라엘 군이 돌이켜 반격 태세로 나오자 아이 군은 도망칠 길이 없었습니다. 아이 성에 불을 지른 매복 용사들이 성에서 나와 아이 군을 쳤고, 서편에 매복했던 군사 5천 명도 나와 그들을 쳤으며, 이스라엘 주력 부대가 이곳저곳에서 그들을 쳐 아이 군사가 전멸하였고 아이 왕을 생포하여 여호수아에게 끌고 왔습니다. 그날 죽임을 당한 아이 사람이 남녀 모두 합하여 몇 명이라 하였나요?

답: (8:25) ______________________________

문15. 아이 성읍의 거민들은 다 죽였지만 그 성읍의 가축과 노략한 것은 어찌하였나요?

답: (8:27) ______________________________

문16. 여호수아는 이스라엘의 하나님 여호와를 위하여 에발 산에 단을 쌓았습니다. 그 위에 백성들은 불로 태워 바치는 번제와 화목제를 드렸으며, 여호수아는 백성들이 지켜보는 가운데 모세가 기록한 율법을 돌에 기록하였습니다. 에발 산에 단을 만들 때 무슨 돌을 쌓았나요?

답: (8:31) ______________________________

문17. 온 이스라엘 장로들과 유사들과 재판장들과 본토인뿐 아니라 이방인까지 여호와의 언약궤를 멘 레위 사람 제사장들 앞에서 궤의 좌우에 서되, 절반은 그리심 산 앞에 서고 절반은 에발 산 앞에 섰습니다. 그들이 그렇게 한 것은 무엇 때문인가요?

답: (8:33) ______________________________

문18. 여호수아가 이스라엘 온 회중이 듣도록 낭독한 율법의 모든 말씀 가운데에는 축복하는 말씀만 있었나요?

답: (8:34) ______________________________

• 문답으로 기억되는 성경 5회

여호수아 9–10장

문1. 요단 강 서쪽 지역의 왕들이 이러한 일들을 듣고 힘을 합하여 여호수아가 이끄는 이스라엘 군과 맞서 싸울 태세를 갖추었습니다. 그들은 산간지대와 저지대와 북쪽으로 레바논까지 뻗어 있는 지중해 연안 일대에 흩어져 사는 족속들의 왕들이었습니다. 그들 여섯 족속들의 이름을 써 보세요.

답: (9:1) ______________________________

문2. 그러나 히위 족속의 기브온 사람들은 여리고와 아이에서 일어난 일을 듣고 살 길을 찾기 위해 묘한 꾀를 내어 여호수아에게 사신을 보냈습니다. 그들이 보낸 사신들은 먼 여행을 한 것처럼 전대와 해어지고 찢어져서 기운 가죽 포도주 부대를 나귀에 싣고, 그 발에는 낡아 기운 신을 신고, 낡은 옷을 입고, 다 마르고 곰팡이 난 떡을 예비하고 그들이 길갈에 진을 치고 있는 여호수아에게 이르러 여호수아와 그 백성에게 말했습니다. "우리는 당신들과 평화조약을 맺기 위하여 먼 땅에서 왔습니다. 이제 우리와 조약을 맺읍시다." 이스라엘 사람들이 히위 사람에게 이르되 "당신들은 이 부근에 사는 사람들 같은데 그렇다면 우리가 어떻게 당신들과 조약을 맺겠소"라고 하였습니다. 그들이 여호수아에게 "우리가 당신의 종이 되겠습니다"라고 대답하자 여호수아가 그들에게 다시 물었습니다. "당신들은 누구며 어디에서 왔소?" 이에 그들이 여호수아에게 대답했습니다. "우리는 당신의 하나님 여호와의 이름을 듣고 아주 먼 지방에서 왔습니다. 우리는 여호와께서 애굽에서 행하신 모든 일과 또 요단 동편에 있는 아모리 사람의 두 왕 시혼과 바산 왕 옥에게 행하신 모든 일을 다 들었습니다. 그래서 우리 장로들이 당신의 종이 되는 조건으로 당신들과 약조를 맺으라 하였습니다." 히위 사신들이 여호수아에게 먼 곳에서 온 것을 가장하여 보여준 것들은 무엇이었나요?

답: (9:12-13) ____________________

문3. 여호수아와 백성의 지도자들이 그들이 가져온 음식들을 조사해 보고 이 문제에 대하여 하나님 여호와께 여쭤 보지도 않은 채 곧 기브온 사람들과 약조를 맺고 그들을 이스라엘 백성들과 함께 살도록 허락해 주었습니다. 그리고 백성의 지도자들은 그들과 맺은 조약을 엄숙히 지킬 것을 맹세하였습니다. 그들과 언약을 맺은 후 며칠이 지나서야 그들이 가까운 이웃에 살고 있는 히위 사람들임을 알게 되었나요?

답: (9:16) ____________________

문4. 조약을 맺은 사람들이 가까운 이웃에 살고 있는 사람들임을 알게 된 이스라엘 사람들은 3일 만에 그들이 사는 곳에 도착하였는데, 그들은 기브온, 그비라, 브에롯, 기얏여아림이라는 마을에 흩어져 살고 있었습니다. 그러나 지도자들이 이스라엘의 하나님 여호와의 이름으로 그들과 조약을 지키기로 엄숙히 맹세하였기 때문에 이스라엘은 그들을 칠 수 없었습니다. 이 일로 모든 백성이 그들의 지도자들을 원망하자 모든 이스라엘 족장들이 온 회중에게 이르되 "우리가 이스라엘의 하나님 여호와로 그들에게 맹세하였은즉 그들을 건드리지 못하리라. 만일 우리가 그들과 약조한 맹약을 깨트리면 여호와의 진노가 우리에게 임할까 두려우니 우리가 그들을 살려 주자" 하고 그들에게 온 회중을 위하여 무슨 일을 시켰나요?

답: (9:21) ____________________

문5. 여호수아가 기브온 사람들을 불러놓고 "너희가 바로 이 부근에 살면서 어째서 멀리서 왔다고 우리를 속였느냐? 너희는 우리를 속인 죄로 저주를 받아 영영 우리의 종이 되어 우리 하나님의 성소를 위해 나무 패며 물을 긷게 될 것이다" 라고 하였습니다. 기브온 사람들의 대답이 무엇이었나요?

답: (9:24-25) ______________________________

____

문6. 여호수아는 그들을 어떻게 처리했나요?

답: (9:26-27) ______________________________

문7. 예루살렘 왕 아도니세덱이, 여호수아가 여리고와 그 왕에게 한 것처럼 아이 성을 점령하여 그 왕과 백성을 전멸시킨 일과 또 기브온 사람들이 이스라엘과 화친하여 그들 가운데 살고 있다는 소식을 듣고 크게 두려워한 것은, 기브온은 왕도와 같은 큰 성임이요 아이보다 크고 그 사람들은 다 강한 군대였기 때문이었습니다. 그래서 예루살렘 왕 아도니세덱은 친하게 지내던 네 왕에게 "내게로 올라와 나를 도우라 우리가 기브온을 치자 이는 기브온이 여호수아와 이스라엘 자손으로 더불어 화친하였음이라" 고 했습니다. 그래서 네 왕이 군대를 거느리고 올라와서 기브온에 대진하고 연합전선을 펴서 기브온을 포위하고 공격하였습니다. 이때 예루살렘 왕 아도니세덱을 돕기 위해 군대를 거느리고 온 네 왕의 이름은 무엇인가요?

답: (10:5) ______________________________

문8. 이때 기브온 사람들은 길갈에 머물고 있는 여호수아에게 다음과 같은 급한 전갈을 보내었습니다. '급히 올라와서 우리를 도와 구출해 주십시오. 산간지대에 사는 모든 아모리 왕들이 단합하여 우리를 치나이다.' 그래서 여호수아는 모든 병력을 이끌고 길갈에서 출발하였습니다. 그때 여호와께서 여호수아에게 무슨 말씀을 하였나요?

답: (10:8) ____

문9. 여호수아와 그의 군대는 길갈에서 밤새도록 행군하여 기브온까지 가서 아모리 사람들을 기습하였습니다. 여호와께서 그들을 이스라엘 군 앞에서 패하게 하시므로, 여호수아가 그들을 기브온에서 크게 도륙하고 벧호른에 올라가는 비탈까지 추격하여 아세가와 막게다까지 추격할 때 여호와께서는 여호수아와 함께 싸워 주셨습니다. 하나님 여호와께서는 그들을 이스라엘 군의 칼에 죽은 자보다 더 많이 죽이셨는데 무슨 방법으로 그들을 치셨나요?

답: (10:11) ____

문10. 여호와께서 아모리 군이 패하게 하시고 이스라엘 군에게 승리를 주시던 그날에 여호수아는 이스라엘 백성이 보는 데서 여호와께 고하고 외쳤습니다. 무엇이라고 외쳤나요?

답: (10:12) ____

문11. '여호수아의 군대가 대적들을 다 쳐부수고 원수를 갚을 때까지 태양이 중천에 머물러 거의 종일토록 그대로 있었다'라고 야살의 책에 기록되었습니다. 여호와께서 사람의 목소리를 들으신 이 같은 날이 언제 또 있었나요?

답: (10:14) ____

문12. 어떻게 해서 이런 일이 일어난 것일까요?

답: (10:14) ______________________________

문13. 아모리의 다섯 왕이 도망하여 막게다의 굴에 숨었습니다. 그 같은 보고를 받은 여호수아는 큰 돌을 굴려 입구를 막고, 경비병을 배치하여 그들을 철저히 지키게 하였습니다. 다른 군사들을 명하여 아모리 군을 추격하게 함으로 아모리 군대는 거의 전멸하였고 겨우 몇 명이 살아서 저들의 요새로 도피하였습니다. 여호수아는 굴속에 숨어 있던 다섯 왕을 끌어내어 군장들로 그들의 목을 밟게 하고 "두려워하거나 놀라지 마라. 담대하라. 너희와 더불어 싸우는 모든 대적에게 여호와께서 이 같이 하시리라" 고 말했습니다. 그리고 여호수아는 다섯 왕을 칼로 죽인 다음 그 시체를 나무에 매달아 저녁 때까지 두었다가 그 시체들을 나무에서 내려 어떻게 처리했나요?

답: (10:27) ______________________________

문14. 바로 그날 여호수아는 막게다 성을 점령하고 여리고 왕에게 한 것처럼 그 성 안에 있는 사람들을 하나도 남기지 않고 다 죽였습니다. 여호수아의 군대가 막게다 성을 점령하고 그다음에 공격한 성이 어느 성이었나요?

답: (10:29) ______________________________

문15. 여호수아와 그의 군대는 립나를 떠나 라기스를 공격하였습니다. 여호와께서는 라기스도 이스라엘 군의 손에 넘겨주셨으므로 그 성을 점령하고 성 안의 모든 사람들을 하나도 남김없이 다 죽였습니다. 그때 게셀 왕 호람이 라기스를 도우려 올라왔으나 여호수아는 그와 그의 군대까지 다 쳐서 전멸시켰습니다. 여호수아 군대는 라기스 성을 며칠 만에 점령했나요?

답: (10:32) ______________________________

문16. 그 후에 여호수아는 이스라엘의 모든 군사를 이끌고 라기스에서 에글론으로 가서 공격하였고 바로 그날 에글론 성을 점령하였습니다. 다음으로 여호수아 군대가 점령한 성은 어디였나요?

답: (10:36-37) ______________________________

문17. 헤브론을 점령하고 돌아온 여호수아 군이 드빌을 공격하여 그 성과 그 주변 부락들을 점령하였는데, 이스라엘의 하나님 여호와께서 명하신 대로 그들을 처리하였습니다. 하나님 여호와의 명하신 대로 하였다는 것은 어떻게 처리한 것인가요?

답: (10:40) ______________________________

문18. 이렇게 해서 여호수아의 군대는 가나안 땅 남쪽 지역의 온 땅 곧 산간지대와 저지대와 경사지와 남쪽 네겝 지방 모든 성을 정복하였습니다. 그리고 그 여세를 몰아 여호수아는 남쪽 가데스 바네아에서부터 해안 지역의 가사까지와 고센 전 지역을 포함하여 북쪽의 기브온까지 쳐들어 갔습니다. 그리고 그 모든 땅을 점령하고 왕과 그 백성을 전부 쳐 죽였습니다. 그리고 여호수아는 그들의 진으로 돌아왔습니다. 그들의 진은 어디였나요?

답: (10:43) ______________________________

여호수아 11–12장

문1. 하솔 왕 야빈이 이스라엘 군의 승전 소식을 듣고 마돈 왕 요밥과 시므론 왕과 악삽 왕과 및 북방 산지와 긴네롯 남편 아라바와 평지와 서방 돌의 높은 곳에 있는 왕들과 동서편 가나안 사람과 아모리 사람과 헷 사람과 브리스 사람과 산지의 여부스 사람과 미스바 땅 헤르몬 산 아래 히위 사람들에게 사람을 보내매, 그들이 그 모든 군대를 거느리고 나왔으니 민중이 많아 해변의 수다한 모래 같고 말과 병거도 심히 많았습니다. 이 모든 왕들이 합세하여 이스라엘 군을 치고자 어디에 함께 진을 쳤나요?

답: (11:5) ______________________________

문2. 이때 여호와께서 여호수아에게 "그들을 두려워하지 말라. 내일 이맘때에 내가 그들을 이스라엘 군 앞에서 몰살시키리니, 너는 그들의 말 뒷발의 힘줄을 끊고 그들의 병거를 불사르라" 고 말씀하셨습니다. 이에 여호수아가 모든 군사와 함께 메롬 물가로 가서 졸지에 기습할 때에 여호와께서 그들을 이스라엘 손에 붙이신 고로, 북쪽으로 미스르봇 마임과 시돈까지 그리고 동쪽으로 미스바 계곡까지 추격하여 한 사람도 남기지 않고 쳐 죽이고 여호와께서 자기에게 명하신 것을 행하였습니다. 명하신 것은 무엇이었나요?

답: (11:6) ______________________________

문3. 여호수아가 메롬 개천에 진을 친 연합대군을 모조리 쳐 죽이고 돌아오다가, 당시 동맹국들 중에서 가장 강했던 하솔을 점령하고 그 왕을 칼로 쳐 죽였으며 그곳 백성도 모조리 죽여 전에 여호와의 종 모세가 명령한 대로 하였습니다. 그러나 그는 하솔 성만 불사르고 산 위에 있는 성은 하나도 불사르지 않았습니다. 이스라엘 군은 이 성의 사람들은 하나도 남김없이 모조리 죽였으나 이 성들 안에 있는 무엇은 진멸하지 않고 자기들이 소유하였나요?

답: (11:14) ____

문4. 여호수아가 가나안 온 땅 곧 산간지대와 남쪽의 모든 지방과 고센 땅 전 지역과 저지대와 아라바와 요단 계곡 일대를 완전히 점령하여, 남쪽으로는 세일로 올라가는 할락 산에서부터 북쪽으로는 헤르몬 산기슭의 레바논 계곡에 있는 바알갓까지 이스라엘 영토를 확장하였고 이 모든 지역의 왕을 잡아 죽이는 데는 상당히 오랜 시간이 걸렸습니다. 그러나 한 족속만은 죽이지 않고 살려두었습니다. 그것은 그들이 이스라엘 백성과 화친하였기 때문이었습니다. 그들은 어디 살고 있는 어느 족속인가요?

답: (11:19) ____

문5. 여호와께서 그 모든 민족들의 마음을 완고하게 하여 이스라엘을 대적하게 하심은 그들을 저주받은 자 되게 하여 은혜를 입지 못하게 하려 하심이었습니다. 그때에 여호수아가 가서 산지와 이스라엘의 온 산지에서 기골이 장대한 사람들을 진멸하였으므로 이스라엘이 점령한 땅에는 그 사람들이 하나도 남지 않았고 가사와 가드와 아스돗에만 약간 남았습니다. 기골이 장대한 그 사람들은 어느 자손들이었나요?

답: (11:22) ____

문6. 이렇게 하여 여호수아는 여호와께서 모세에게 말씀하신 대로 가나안 온 땅을 점령하여 이스라엘 지파별로 나누어 기업으로 주었습니다. 그제야 그 땅에 무엇이 그치게 되었나요?

답: (11:23) ________________________________

문7. 이스라엘 자손이 요단 동쪽의 땅 아르논 골짜기에서 헤르몬 산까지의 동방 온 아라바를 점령하고 거기서 두 왕을 죽였는데 그중의 하나가 헤스본에서 통치하던 아모리 왕 시혼입니다. 그의 영토는 아르논 계곡 변두리의 아로엘과 그 계곡 중앙에 있는 성에서부터 암몬의 경계선인 얍복 강까지의 지역 곧 길르앗 땅 절반과 동쪽으로 아라바, 갈릴리 바다 염해 벧여시못 일대와 남쪽으로 비스가 산 기슭 일대의 땅이었습니다. 그리고 다른 한 왕은 바산 왕 옥이었습니다. 그는 르바 족 최후의 생존자로 아스다롯과 네드레이에서 통치하였습니다. 그가 다스리던 영토는 헤르몬 산에서부터 살르가와 바산의 전 지역과 그술과 마아가 사람의 경계선까지 그리고 헤스본 왕 시혼의 영토와 접해 있는 길르앗 땅이었습니다. 이스라엘 군이 이들 두 왕과 그 땅 백성을 죽이고 그 지역 일대를 점령했을 때 여호와의 종 모세는 어느 지파에게 그 땅을 기업으로 나누어 주었나요?

답: (12:6) ________________________________

문8. 여호수아와 이스라엘 백성이 레바논 계곡의 바알갓에서부터 세일로 올라가는 할락 산까지 요단 서쪽의 모든 왕들을 쳐 죽인 다음에 여호수아는 이 땅을 이스라엘 각 지파에게 나누어 주었습니다. 그들이 분배받은 땅은 산간지대와 저지대와 아라바와 경사지와 광야 남쪽 네겝 지방이었습니다. 이 지역 일대에 살던 부족들은 헷, 아모리, 가나안, 브리스, 히위, 여부스였습니다. 그리고 이 지역에서 이스라엘 백성에게 죽임을 당한 왕들은 여리고, 아이, 예루살렘, 헤브론, 야르뭇, 라기스, 에글론, 게셀, 드빌, 게델, 호르마, 아랏, 립나, 아둘람, 막게다, 벧엘, 답부아, 헤벨, 아벡, 랏사론, 마돈, 하솔, 시므론 므론, 악삽, 다아낙, 므깃도, 게데스, 갈멜의 욕느암, 돌, 길갈의 고임, 디르사 왕인데, 이들은 모두 몇 명인가요?

답: ______________________________

• 문답으로 기억되는 성경 7회

여호수아 13-15장

문1. 여호수아가 나이 많아 늙었으므로 여호와께서 그에게 이르시되 “너는 나이 많아 늙었고 얻을 땅의 남은 것은 아직 매우 많다” 하셨습니다. 아직 남은 땅은 블레셋 사람의 온 지방과 그술의 전 지역, 애굽에 인접한 시홀 시내부터 가나안 사람에 속한 북방 에그론 지경까지와 블레셋의 다섯 방백의 땅인 가사, 아스돗, 아스글론, 가드, 에그론, 또 남방 아위, 가나안 온 땅과 시돈의 므아라, 아모리, 아벡까지와 그발 사람의 땅과 동편의 레바논 곧 헤르몬 산 아래 바알갓에서 하맛에 들어가는 곳, 또 레바논에서부터 미스르봇 마임까지의 산지, 모든 시돈 사람의 땅은 아직 이스라엘이 점령하지 못한 땅이었습니다. 그러나 하나님께서는 여호수아에게 ‘내가 그 땅에 살고 있는 본토인들을 다 쫓아내리니 너는 내가 명한 대로 그 땅을 이스라엘에게 분배하여 기업이 되게 하되, 이 땅을 아홉 지파와 므낫세 반 지파에 나누어 주라’ 하셨습니다. 이 말씀 중 블레셋 다섯 방백의 땅을 써 보세요.

답: ① ____________________

② ____________________

③ ____________________

④ ____________________

⑤ ____________________

문2. 이스라엘 열두 지파 중 두 지파 반에게는 요단 동편 모압 평지에서 모세가 그들의 기업이 될 땅을 이미 나누어 주었으나 오직 레위 지파에게는 모세가 기업을 주지 않았습니다. 왜 레위 지파에게만 기업이 될 땅을 주지 않았나요?

답: (13:33) ______________________________

문3. 가나안 땅 곧 요단 서쪽의 땅은 제사장 엘르아살과 눈의 아들 여호수아와 이스라엘 각 지파의 족장들에 의해서 분배되었는데, 나누는 방법은 여호와께서 모세에게 명령하신 대로 하였습니다. 아홉 지파 반에게 어떤 방식으로 나누어 주었나요?

답: (14:2) ______________________________

문4. 어느 날 유다 지파의 대표들이 길갈에 있는 여호수아를 찾아가 그중에 그니스 사람 여분네의 아들 갈렙이 여호수아에게 말했습니다. "내가 40세 되던 해에 가데스 바네아에서 여호와의 종 모세의 명을 받고 가나안 땅을 탐지했습니다. 나는 보고 느낀 사실을 정직하게 보고하였습니다. 그러나 나와 함께 갔던 다른 형제들이 백성들에게 겁을 주어 간담을 서늘하게 하였습니다. 나는 나의 하나님 여호와를 온전히 따랐으므로 그날에 모세가 맹세하여 말하기를, 내가 밟는 땅을 나와 내 자손에게 영영한 기업이 되리라 하였습니다. 여호와께서는 오늘에 이르기까지 45년 동안 나를 생존케 하셨습니다. 보십시오. 내 나이 85세지만 모세가 나를 정찰대원으로 보내던 그때와 마찬가지로 건장하여 출전하는 데는 아무 지장이 없습니다. 그러므로 내가 정찰 보고를 하던 그날 여호와께서 나에게 약속하신 이 산간지대를 나에게 주십시오. 이곳엔 거인 아낙 자손이 살고 있고 또 그 성들도 크고 견고합니다. 그러나 여호와께서 나와 함께하시면 여호와의 말씀대로 내가 반드시 그들을 쫓아낼 수 있을 것입니다." 그래서 여호수아는 갈렙에게 축복하고 그가 원하는 땅을 주었습니다. 그때부터 그 땅은 여분네의 아들 갈렙의 소유가 되었습니다. 그 땅 이름이 무엇인가요?

답: (14:13) ___________________________

문5. 유다 지파가 그 가족대로 제비 뽑아 얻은 땅은 에돔 경계선과 신 광야 최남단까지였습니다. 그들의 남쪽 경계선은 사해 남단에서부터 신 광야에 이르고, 가데스 바네아와 헤스론을 지나 아스몬에 이르고, 애굽 국경 시내를 따라 지중해 연안 끝입니다. 그리고 동쪽 경계선은 요단 강물이 흘러 들어오는 사해입니다. 북쪽 경계선은 사해 북단에서 힌놈의 골짜기로 올라가 예루살렘 성이 위치한 여부스 남쪽 언덕에 이르고, 여러 곳을 지나 지중해 연안에서 끝입니다. 그리고 서쪽 경계선은 바로 지중해 연안입니다. 여호수아는 여호와께서 명령하신 대로 유다 지파의 땅 일부를 여분네의 아들 갈렙에게 주었는데 그 땅은 기럇아르바 곧 헤브론이었으며, 이 아르바는 아낙의 조상이었지요. 갈렙이 헤브론 성에서 쫓아낸 아낙의 세 아들 이름은 무엇이었나요?

답: (15:14) ___________________________

문6. 갈렙이 드빌 거민을 쳤는데 드빌의 본 이름은 기럇 세벨이었습니다. 갈렙이 기럇 세벨을 쳐서 빼앗는 자에게는 내 딸을 아내로 주겠다고 하였는데, 갈렙의 아우 그나스와 아들인 옷니엘이 기럇 세벨을 취하므로 그 딸을 옷니엘에게 아내로 주었습니다. 갈렙의 딸 이름은 무엇인가요?

답: (15:16) ___________________________

문7. 악사가 자기 아비 갈렙에게 '아버지께서 나를 남방 땅으로 보내시오니 샘물도 내게 주소서' 하므로 갈렙이 딸에게 샘을 주었는데 그 샘 이름은 무엇인가요?

답: (15:19) ___________________________

문8. 유다 자손의 지파가 그 가족대로 얻은 기업은 29개 성읍과 촌락이었고, 평지에 14개 성읍과 그 촌락이었으며, 또 16개 성읍과 촌락이었고, 또 9개 성읍과 촌락이었고, 또 아스돗 모든 성과 애굽 시내와 지중해 연안까지 모든 성과 촌락이었습니다. 또 산지로는 44개 성읍과 촌락이었습니다. 그러나 유다 지파는 예루살렘 성에 살던 한 거민만 쫓아내지 못하였으므로 그 사람들이 오늘날까지 유다 자손과 함께 예루살렘에 살게 되었습니다. 유다 지파가 쫓아내지 못한 사람들의 이름은 무엇인가요?

답: (15:63) ____________________________________

여호수아 16-18장

문1. 요셉 자손이 제비 뽑아 얻은 땅의 경계선은 여리고 맞은편의 요단 강에서 시작하여 여리고 샘 동쪽을 지나 광야와 산간지대를 거쳐 벧엘에 이르고, 벧엘에서부터 루스로 나아가 아렉 사람의 경계를 지나 아다롯 앗달을 지나 서쪽으로 내려가 지중해에서 그 경계선이 끝입니다. 에브라임 지파는 어디에 사는 가나안 사람을 쫓아내지 않았나요?

답: (16:10) ______________________________

문2. 요셉의 장남 므낫세의 서쪽 반 지파가 분배받은 땅은 요단 강 서쪽인데 이들 집안은 아비에셀, 헬렉, 아스리엘, 세겜, 헤벨, 스미다 집안이고 므낫세의 남자 후손입니다. 그러나 헤벨의 아들인 슬로보핫은 아들이 없고 딸뿐이었습니다. 그 딸들은 여호수아와 방백들 앞에 나아와서 여호와께서 모세에게 명하사 우리에게도 기업을 주라 하셨다 하므로 그들에게도 땅을 분배하여서 므낫세의 여손들이 기업을 얻었습니다. 그 다섯 딸의 이름은 무엇인가요?

답: (17:3) ______________________________

문3. 잇사갈 지파와 아셀 지파의 땅에는 므낫세 서쪽 반 지파가 소유한 땅이 있었는데 벧스안 이블르암, 돌, 엔돌, 다아낙, 므깃도 그리고 이 성들 주변의 부락들이었습니다. 그러나 므낫세 자손이 이 성들에 사는 가나안 주민들을 쫓아내지 못하다가 이스라엘이 세력이 강해지자 그 가나안 사람들을 어떻게 하였나요?

답: (17:13) ____

문4. 에브라임과 므낫세 서쪽 반 지파 자손들이 여호수아에게 땅을 더 달라고 요구했습니다. "여호와께서 우리에게 복을 주셔서 오늘날 우리가 큰 지파가 되었는데 어째서 우리에게 한 몫의 땅만 주십니까?" 여호수아가 그들에게 대답했습니다. "너희의 인구가 많아서 에브라임 산간지대가 너무 좁으면 브리스 사람과 르바임 사람의 산간지대로 올라가서 그곳을 스스로 개척하라." 그러자 그들이 "그 산림지대도 우리에게는 충분치 못합니다. 더구나 벧스안과 이스르엘 골짜기 일대에 사는 가나안 사람들은 철전차를 가지고 있습니다"라고 다시 말하자 여호수아가 그들에게 이르되 "너는 큰 민족이요 큰 권능이 있은즉 한 몫의 땅만 가질 것이 아니라 그 산림지대도 소유해야 한다. 너희가 그 땅을 개간하면 그 온 산 산림지대가 이 끝에서 저 끝까지 다 너희 땅이 될 것이다" 했습니다. 그리고 여호수아는 철병거를 가진 가나안 사람을 두려워하는 그들에게 무슨 말을 하였나요?

답: (17:18) ____

문5. 이스라엘 자손의 온 회중이 실로에 모여서 거기에 성막을 세웠습니다. 길갈에서 실로로 옮긴 것이지요. 그러나 이스라엘 백성 중에 아직도 땅을 분배받지 못한 지파가 일곱이었습니다. 여호수아는 그들에게 "너희도 너희 조상의 하나님 여호와께서 너희에게 주신 땅을 점령하러 가지 않고 언제까지 여기서 기다리고 있을 것이냐? 너희는 각 지파에서 세 사람씩 선정하라. 내가 그들을 보내 아직 점령하지 않은 땅을 정찰하게 하고 자기 지파가 분배받을 땅의 지형을 그려 와서 내게 보고하도록 하겠다고 했습니다. 그래서 각 지파에서 선정된 사람들이 떠날 때 여호수아가 그들에게 "그 땅을 두루 다니며 지형을 그려 가지고 내게로 오라. 내가 여기 여호와 앞에서 너희를 위해서 제비를 뽑겠다"고 했습니다. 이에 그들은 지시받은 대로 그 땅의 전 지역을 일곱 부분으로 나누어 그리고 그 성들의 이름 하나하나를 기록해서 여호수아에게 돌아왔습니다. ① 각 지파에서 선정되어 임무를 수행하고 돌아온 사람들은 모두 몇 명인가요? ② 또 여호수아가 있는 곳으로 돌아왔는데 그 지명 이름은 무엇인가요?

답: ① ______________________________

② ______________________________

문6. 먼저 베냐민 지파를 위해 제비를 뽑았는데 그들에게 뽑힌 땅은 유다 지파와 요셉 지파(므낫세와 에브라임)가 이미 분배 받은 땅의 중간이었습니다. 그 땅의 북쪽 경계는 요단 강에서 시작하여 여리고 북쪽으로 올라가서 서쪽 산간 지대를 지나 벧 아웬 광야에 이르고, 경계가 거기서부터 루스 곧 벧엘 남쪽으로 나아가서 산간 지대에 있는 아다롯 앗달로 내려가 아래 벧 호론 남쪽 산 곁을 지나고, 거기서부터 서쪽으로 돌아 남쪽을 향하여 유다 자손의 성읍인 기럇 여아림에 이르러 끝이 되는데 이것이 서쪽 경계이며, 남쪽 경계는 기럇 여아림 끝에서 서쪽으로 가서 넵 도아 물 근원에 이르고, 르바임 골짜기 북쪽의 힌놈의 아들 골짜기로 내려가서 여부스 남편에 이르고, 북쪽으로 아라바로 내려가고 요단 강물이 흘러들어가는 사해 북쪽이 끝이었습니다. 동쪽 경계는 요단 강이었지요. 베냐민 지파가 차지한 성은 그 성읍과 촌락이 모두 몇 개인가요?

답: (18:24-28) ______________________________

문7. 베냐민 지파가 차지한 땅에는 예수님 당시 성전이 선 중요한 곳이 포함되어 있었습니다. 그 이름은 무엇입니까?

답: (18:28) ______________________________

문8. 예루살렘의 옛 이름은 무엇인가요?

답: (18:28) ______________________________

• 문답으로 기억되는 성경 9회
여호수아 19-21장

문1. 두 번째로 시므온 지파를 위해 제비를 뽑았고 세 번째로 스불론 자손을 위하여 제비를 뽑았습니다. 스불론 지파가 분배 받은 땅은 12개 성과 그 주변 부락들이었는데 그곳에 예수님이 태어나신 특별한 지명이 있었습니다. 그곳은 어디입니까?

답: ______________________________

문2. 네 번째로 잇사갈 지파를 위해 제비를 뽑았는데 잇사갈 지파가 분배 받은 땅은 16개 성과 그 주변 부락이었습니다. 다섯째로 아셀 지파를 위해 제비를 뽑았고 그들이 차지한 성읍은 모두 22개 성읍과 그 주변 촌락이었습니다. 여섯 번째로 납달리 지파를 위하여 제비를 뽑았는데 납달리 지파가 얻은 땅은 모두 19개 성과 그 주변 부락이었습니다. 납달리 지파가 차지한 땅에는, 엘리 제사장 때 이스라엘이 블레셋과 싸움에서 법궤를 빼앗긴 후 블레셋에 넘어간 법궤가 블레셋에 재앙을 내리자 그들이 두려워서 빼앗아 온 법궤를 이스라엘로 다시 돌려보내려고 암소 두 마리가 끄는 수레에 실려 보냈던 곳의 지명이 포함되어 있습니다. 그 지명은 무엇인가요?

답: (삼상 6:8-21) ______________________________

문3. 일곱 번째로 단 지파를 위하여 제비를 뽑았는데 단 지파는 베냐민 지역과 지중해 사이 에브라임과 유다 사이에 있는 작은 땅을 분배받았습니다. 그런데 단 자손의 땅이 확장된 것은 그들이 올라가서 가나안 북쪽 사람들을 칼로 쳐서 죽이고 그들의 땅을 빼앗았기 때문이었습니다. 그들은 그들이 빼앗은 땅의 이름을 그들 조상의 이름을 따라서 단이라 하였는데 그들이 빼앗은 땅의 이름은 무엇인가요?

답: (19:47) ______________________________

문4. 이스라엘 자손이 그 경계를 따라서 기업의 땅 나누기를 마치고 자기들 중에서 눈의 아들 여호수아에게 기업을 주었습니다. 그들은 여호와의 명령대로 여호수아가 요구한 한 성을 주었는데 그는 그 성을 재건하고 그곳에 살았습니다. 그 성은 어디 있는 무슨 성인가요?

답: (19:50) ______________________________

문5. 이렇게 해서 제사장 엘르아살과 눈의 아들 여호수아와 이스라엘 자손 지파의 족장들이 제비 뽑아 땅 나누는 일을 모두 마쳤습니다. 그들이 제비 뽑았던 곳은 어디인가요?

답: (19:51) ______________________________

문6. 여호와께서는 여호수아에게 이스라엘 백성에게 도피성의 규정을 알게 하라 하셨습니다. 도피성이란 과실로 사람을 죽게 한 자가 복수하려는 자를 피하도록 하는 곳이었습니다. "도피성으로 도망한 자는 도피성에 들어가는 문 어귀에 서서 그 성읍 장로들이 듣도록 자기의 사고를 고할 것이요 장로들은 그 과실치사자를 받아 주어 자기들 중에 거하게 하고, 복수하려는 자가 그 뒤를 따라온다 할지라도 그를 복수하려는 자에게 내어주지 말 것은 그가 본래 아무 원한 없이 과실로 사람을 죽였음이라." 그 살인자는 언제까지 도피성에 머물러 있다가 자기 집에 돌아가라 하였나요?

답: (20:6) ______________________________

____

문7. 과실로 사람을 죽인 자가 도망하여 피의 복수를 하려는 자의 손에 죽지 않게 하기 위한 도피성으로는 어느 곳에 몇 개가 선정되었나요?

답: (20:7-8) ______________________________

문8. 때에 레위 지파의 족장들이 가나안 땅의 실로에 있는 제사장 엘르아살과 눈의 아들 여호수아와 이스라엘 지파 족장들에게 와서 "여호와께서는 모세를 통하여 우리가 살 성과 우리 가축을 먹일 목초지를 우리에게 주라고 명령하셨습니다" 하니 이스라엘 자손이 여호와의 명령에 따라 자기들의 땅 중에서 일부 성과 목초지를 레위 사람들에게 주었습니다. 레위 지파는 그핫, 게르손, 므라리 세 자손으로 나뉘는데 그중에 제일 먼저 그핫 자손을 위해 제비를 뽑았습니다. 레위 사람 중 제사장 아론의 자손들은 유다 지파와 시므온 지파와 베냐민 지파의 땅 중에서 몇 개의 성을 얻었나요?

답: (21:4) ______________________________

문9. 그핫의 나머지 자손들은 에브라임 지파와 단 지파와 므낫세 반 지파 중에서 제비 뽑은 대로 몇 개의 성을 얻었나요?

답: (21:5) ______________________________

문10. 게르손 자손들이 제비대로 13개 성읍을 얻었는데 어느 지파에게서 얻었나요?

답: (21:6) ____________________

문11. 므라리 자손들은 12개 성읍을 얻었는데 어느 지파에게서 얻었나요?

답: (21:7) ____________________

문12. 이스라엘 백성의 각 지파가 소유한 땅에서 레위 사람들이 받아 가진, 목초가 딸린 성읍은 모두 몇 개였나요?

답: (21:41) ____________________

문13. 여호와께서 이스라엘 백성의 사방에 안식을 주셨습니다. 모든 대적들은 그들을 당한 자가 하나도 없었으니 이는 여호와께서 그 모든 대적을 그들의 손에 붙이셨기 때문이었습니다. 여호와께서 이스라엘 족속에게 말씀하신 선한 일이 하나도 남김없이 다 응하였는데, 그것은 여호와께서 누구와 약속한 것을 이루신 것인가요?

답: (21:43) ____________________

문14. 이스라엘의 열조란 누구를 가리키는 말인가요?

답: ____________________

• 문답으로 기억되는 성경 10회
여호수아 22-23장

문1. 때에 여호수아가 르우벤 지파와 갓 지파와 므낫세 동쪽 반 지파를 불러서 그들에게 말했습니다. "너희는 여호와의 종 모세가 너희에게 명한 것을 다 지켰으며 또 나의 명령에도 순종하여 이렇게 오랫동안 너희 형제를 떠나지 않고 오직 너희 하나님 여호와의 명하신 책임을 지켰다. 이제는 너희 하나님 여호와께서 약속하신 대로 너희 형제에게 안식을 주셨으니 이제 너희는 여호와의 종 모세가 요단 강 저편에서 너희에게 준 소유지로 가서 너희의 장막으로 돌아가라. 크게 삼가 여호와의 종 모세가 너희에게 명한 명령과 율법을 행하라." 그 명령과 율법이 무엇이었나요?

답: (22:5) ______________________________

문2. 여호수아가 그들을 축복하여 보내며 대적들에게서 탈취한 많은 재물을 돌아가서 형제들과 나누라 하셨습니다. 그들이 가지고 떠난 많은 재물은 무엇이었나요?

답: (22:8) ______________________________

문3. 르우벤 자손과 갓 자손과 므낫세 반 지파가 가나안 땅 실로에서 떠나 그들이 얻은 땅 그 소유지 길르앗으로 갔습니다. 그런데 그들은 가나안 땅 요단 언덕 가에 이르러 그곳에 굉장히 큰 단 하나를 쌓았습니다. 그 소식을 이스라엘 자손들이 듣고 온 회중이 실로에 모여서 분노하고 그들과 싸우러 가려 하였습니다. 그러나 그들이 자기 형제들과 바로 싸우지 않고 먼저 그 사건의 진상을 조사하도록 하였는데, 그때 그 사건을 조사하기 위해 두령으로 간 사람은 누구이며 몇 지파에서 몇 명의 대표를 뽑아 보내었나요?

답: ① 두령으로 간 사람 ________________

② 대표들 ________________

문4. 그들이 길르앗 르우벤 지파와 갓 지파와 므낫세 동쪽 반 지파에게 가서 말하기를 "여러분이 어찌하여 이스라엘 하나님께 범죄하여 오늘날 여호와를 좇는 데서 떠나 자기를 위하여 단을 쌓아 여호와를 거역하고자 합니까? 브올의 아들의 죄악으로 인하여 회중에 재앙이 내렸으나 오늘날까지 그 죄에서 정결함을 얻지 못하였거늘 그 죄악이 부족하여서 여러분이 돌이켜 여호와를 다시 배역하고자 합니까?" 고 하였습니다. 브올의 아들의 죄악이란 어떤 죄악의 사건을 말한 것인가요?

답: (민 25:9) ________________

문5. "만일 여러분이 분배받은 땅이 마음에 들지 않거든 여호와의 성막이 있는 여호와의 소유지로 건너와 우리 땅에서 여러분의 땅을 얻도록 하시오. 그러나 오직 우리 하나님 여호와의 단 외에 다른 단을 쌓음으로 여호와께 패역해서도 안 되며 우리에게도 패역하지 말아야 합니다. 세라의 아들 아간의 바친 물건에 대한 범죄로 이스라엘을 회중에 진노가 임하여 얼마나 많은 사람이 희생되었습니까?" 라고 했는데, 세라의 아들 아간의 바친 물건에 대한 범죄란 무엇인가요?

답: (수 7:1) ________________

문6. 르우벤 자손과 갓 자손과 므낫세 반 지파가 이스라엘 천만인의 두령에게 대답하였습니다. "전능하신 자 하나님 여호와께서 아시나니, 이 일이 만일 여호와께 패역함이거나 범죄함이거든 주는 오늘날 우리를 구원하지 마옵소서. 우리가 단을 쌓은 것이 돌이켜 여호와를 저버리거나 그 위에 번제나 소제나 화목제 같은 제사를 드릴 목적이었다면 여호와께서 직접 우리를 벌하시길 원합니다. 우리가 그렇게 한 것은 훗날 당신들의 후손이 우리 후손에게 '너희가 이스라엘 하나님 여호와와 무슨 관계가 있느냐? 여호와께서 너희와 우리 사이에 요단 강으로 경계를 삼으시지 않았느냐? 너희는 여호와 하나님과 아무 관계도 없다' 하고 여호와를 경배하지 못하도록 할까 두려워했기 때문입니다. 그래서 우리가 단을 쌓았는데 만일 훗날 이런 일이 일어난다면 우리 후손들이 당신의 후손들에게 '와서 우리 조상들이 여호와의 단을 본 떠서 쌓은 이 단을 보아라. 이 단은 번제나 다른 제사를 드리기 위한 것이 아니라 우리와 너희 사이에 하나의 증거가 되기 위해서이다' 라고 말할 수 있을 것입니다. 우리는 결코 여호와를 거역하거나 저버리려고 했던 것이 아닙니다." 제사장 비느하스와 함께 간 이스라엘 각 지파의 대표들이 그 말을 듣고 어떻게 생각했으며 무슨 말을 하였나요?

답: (22:30-31) ______________________________

____

문7. 그리고서 비느하스와 함께 간 열 명의 대표가 실로에 돌아와서 이스라엘 백성들에게 사실대로 보고했고, 그 말을 들은 사람들이 만족하게 여기며 하나님을 찬양하였고 두 번 다시 거기에 대해서 말하지 않았습니다. 르우벤 자손과 갓 자손은 이 단이 우리 사이에 여호와께서 하나님이 되시는 증거라 하고 그 단을 무엇이라 불렀나요?

답: (22:34) ______________________________

문8. 여호와께서 이스라엘 사방 대적을 다 멸하시고 이스라엘에게 안식을 주신 지 오랜 후 여호수아가 나이 많아 늙었습니다. 이에 여호수아가 온 이스라엘 장로들과 두령들과 재판장들과 유사들을 불러다가 그들에게 마지막 호소를 하기 위해 말문을 열었습니다. 맨 첫마디가 무슨 말이었나요?

답: (23:2) ______________________________

문9. 여호수아는, 하나님 여호와께서 이 모든 나라에 행하신 일을 너희가 다 보았거니와 하나님 여호와 그는 이스라엘을 위하여 무엇을 하신 자라 하였나요?

답: (23:3) ______________________________

문10. '이스라엘 사람들이 아직 가나안을 완전히 정복한 것은 아니지만 이미 멸한 모든 나라들과 같이 앞으로도 이스라엘 목전에서 그들을 쫓아내고 그들에게 말씀하신 대로 그들이 가나안 땅을 차지하게 하실 것이라. 그러니 너희는 크게 힘써 모세의 율법책에 기록된 것을 다 지켜 행하라. 그 말씀을 떠나 좌로나 우로나 치우치지 말라.' 그러면서 여호수아는 절대로 해서는 안 될 일을 명하였습니다. 여호수아가 명한 것을 세 가지로 분류해서 써 보세요.

답: (23:7) ① ______________________________

② ______________________________

③ ______________________________

문11. '너희는 지금까지 해온 대로 하나님 여호와만 따르고 섬겨야 한다. 여호와께서는 크고 강한 나라들을 너희 앞에서 쫓아내셨으므로 지금까지 너희를 당할 자가 없었던 것이다.' 여호와께서 너희를 위해서 싸우신다면 한 사람이 적군 몇 명을 쫓아낼 수 있다고 하였나요?

답: (23:10) ________________________________

문12. "만일 이스라엘이 퇴보하여 남아 있는 이방 민족과 친근히 하여 더불어 혼인하고 피차 왕래하면 정녕히 알라. 하나님 여호와께서 이방 민족들을 너희 앞에서 다시는 쫓아내지 아니하시리니." 그들이 이스라엘에게 무엇이 되어 필경 멸절하리라 하셨나요? 그 네 가지를 써 보세요.

답: (23:13) ① ________________________________

② ________________________________

③ ________________________________

④ ________________________________

문13. "보라 나는 오늘날 온 세상이 가는 길로 가려니와" 에서, 여호수아가 말한 '온 세상이 가는 길'이란 무엇을 뜻한 말인가요?

답: (23:14) ________________________________

문14. '너희 하나님 여호와께서 너희에게 말씀하신 모든 선한 일이 너희에게 임한 것같이 모든 불길한 일도 너희에게 임하게 하사, 너희에게 주신 이 아름다운 땅에서 너희가 멸절하게 하실 것이다.' 이스라엘 백성이 어떻게 행할 경우에 멸절하고 망한다고 하셨나요?

답: (23:16) ____________________________________

• 문답으로 기억되는 성경 11회

여호수아 24장

문1. 여호수아가 이스라엘 모든 지파를 모으고 이스라엘 장로들과 두령들과 재판장들과 유사들을 불러내자 그들 모두가 하나님 앞으로 나왔습니다. 이때 여호수아가 이스라엘 모든 지파를 모이게 한 곳은 어디였나요?

답: (24:1) ______________________________

문2. 그때 여호수아가 모든 이스라엘 백성에게 하나님 여호와의 말씀을 전하였습니다. "옛적에 너희 조상들 곧 아브라함의 아비, 나홀의 아비 데라가 강 저편에 거하여 다른 신들을 섬겼으나 내가 너희 조상 아브라함을 강 저편에서 이끌어내어 가나안 땅으로 인도하여 온 땅을 두루 행하게 하고, 그 씨를 번성케 하려고 그에게 이삭을 주었고 이삭에게는 야곱과 에서를 주었다." 그리고 에서에게는 무엇을 주었다고 하셨나요?

답: (24:4) ______________________________

문3. 야곱과 그 자손들은 애굽으로 내려가 거기 살았으나 애굽인들에게 심한 학대를 받고 고역을 당하여 탄식하며 부르짖자 하나님 여호와께서 그 소리를 들으시고 그들에게 모세를 보내셨으며, 그를 통해 애굽에 큰 재앙을 내려 애굽에서 이스라엘 백성을 인도해내셨습니다. 그러나 그들이 홍해에 도착했을 때에 애굽 군사들이 병거와 마병을 이끌고 추격해 오자 이스라엘 백성이 여호와 하나님께 부르짖었습니다. 그러자 하나님께서 이스라엘 백성을 위하여 어떤 일을 행하셨나요? 두 가지로 나누어 쓰세요.

답: (24:7) ①______________________________

②______________________________

문4. 광야에서 40년 동안 방황하던 이스라엘 백성들을 하나님 여호와께서 그들을 인도하여 요단 강 동쪽 아모리 땅으로 들어가게 하시고, 아모리 사람들이 이스라엘 백성을 대적하여 싸울 때에 여호와께서 그들을 이스라엘 손에 넘겨 멸망케 하시고 그 땅을 이스라엘 자손들로 점령하게 하셨습니다. 그때 모압의 왕이었던 발락이 어떤 선지자에게 뇌물을 주어 이스라엘을 저주해 달라고 부탁하였습니다. 그때 뇌물을 받고 이스라엘을 저주하려 했던 선지자는 누구였나요?

답: (24:9) ______________________________

문5. 브올의 아들 발람은 발락에게서 뇌물을 받고 이스라엘을 저주하였나요? 만일 저주하지 못했다면 왜 못 했는지 자세히 기록해 보세요.

답: (24:10) ______________________________

____

문6. 그 후 이스라엘 백성이 요단 강을 건너갔을 때 그들이 싸워야 할 족속이 여덟 족속이나 있었습니다. 그 여덟 족속의 이름은 무엇이었나요?

답: (24:11) ________________________________

문7. 하나님 여호와께서는 이스라엘 자손에게 여덟 족속이 패하게 하시고 그들의 땅과 그들의 성읍을 이스라엘 자손에 주어 그들이 심지 않은 포도와 감람 열매를 먹게 하셨습니다. 하나님께서 어떤 방법으로 그들을 이스라엘에게 패하게 하셨나요?

답: (24:12) ________________________________

문8. '그러므로 이제는 여호와를 경외하며 성실과 진정으로 여호와를 섬겨야 한다. 너희 조상들이 강 저편 갈대아 우르에서 섬기던 신이나 애굽에서 섬기던 신이나 오늘날 너희가 사는 아모리 사람이 섬기는 신이나 너희가 섬길 신을 이제 택하라. 오직 나와 내 집은 여호와를 섬기겠노라.' 여호수아가 그렇게 말했을 때에 그들은 여호수아에게 무엇이라고 대답했나요?

답: (24:16-18) ________________________________

____

____

문9. 여호수아가 '너희가 여호와를 능히 섬기지 못할 것은, 그는 거룩하신 하나님이니 너희 허물과 죄를 사하지 아니하실 것임이라. 만일 너희가 여호와를 버리고 이방 신들을 섬기면 너희에게 복을 내리신 후에라도 돌이켜 너희에게 화를 내리시고 너희를 멸하시리라'고 말했을 때 백성이 여호수아에게 무엇이라고 대답하였나요?

답: (24:21) ________________________________

문10. '그러면 이제 너희 중에 있는 이방 신들을 제하여버리고 너희 마음을 이스라엘의 하나님 여호와께로 향하라' 하니 백성이 여호수아에게 '우리 하나님 여호와를 섬기고 그 목소리를 우리가 청종하겠나이다' 라고 대답했습니다. 그래서 여호수아는 그날 세겜에서 백성들과 계약을 맺고 그들이 지킬 법과 규정을 그들에게 알려 주었습니다. 여호수아는 이 모든 것을 하나님의 율법 책에 기록한 다음 큰 돌을 세우고 '이 돌이 증거가 되리라' 하였습니다. 그 돌을 무슨 나무 아래 세웠나요?

답: (24:26) ______________________________

문11. 이런 일을 다 마친 후 여호와의 종 눈의 아들 여호수아는 죽었습니다. 그래서 백성들은 그를 가아스 산 북쪽 에브라임 산간 지대에 있는 그의 소유지 딤낫 세라에 장사하였습니다. 여호수아는 몇 세에 죽었나요?

답: (24:29) ______________________________

문12. 이스라엘 백성들은 여호수아가 사는 날 동안 여호와를 잘 섬겼으며, 여호수아가 죽은 후에도 여호와께서 이스라엘을 위해 행하신 모든 일을 직접 목격한 장로들이 살아 있는 동안 여호와를 잘 섬겼습니다. 그리고 이스라엘 자손이 애굽에서 가져온 요셉의 뼈를 장사하였습니다. 그들은 요셉을 어디에 장사하였으며 그 땅은 어떤 땅이었나요?

답: (24:32) ______________________________

문13. 아론의 아들 엘르아살도 죽었는데 이스라엘 백성들은 그를 어디에 장사하였나요?

답: (24:33) ______________________________

“ 문답으로 기억되는 성경 ”

– 사사기 –

문제

•문답으로 기억되는 성경 12회

사사기 1장

문1. 강력한 지도자 여호수아의 영도 아래 가나안 땅을 점령하고 그 땅에 들어간 이스라엘 백성들은 여호수아가 사는 날 동안과 여호수아 뒤에 생존한 장로들 곧 여호와께서 이스라엘을 위하여 행하신 모든 큰일을 목격한 자들이 살아 있는 동안은 여호와를 잘 섬겼습니다. 그러나 그 당시 사람들이 다 죽고 난 후에 일어난 세대는 여호와를 알지 못했으며 여호와께서 이스라엘을 위하여 행하신 일도 알지 못했습니다. 이스라엘 자손들이 이방인들이 섬기는 바알과 아스다롯를 섬기며 그들에게 절하므로 여호와께서 분노하셔서 그들을 약탈자들의 손에 넘기고 그 주변 원수들의 지배를 받게 하셨습니다. 이스라엘이 큰 곤경에 빠져 고통과 압박으로 신음하면 여호와께서는 사사들을 일으켜 약탈자들의 손에서 구출하셨으나 이스라엘은 자신들을 구원한 지도자 곧 사사들에게 불순종하며 다른 신들을 창녀 짓 하듯이 섬겼습니다. 그러므로 여호와께서 그 백성들이 언제까지 그 같은 불순종을 반복하는지 보시려고 가나안 땅에 남아 있는 이방 민족을 다 쫓아 내지 않고 그들을 이용하여 끝까지 여호와의 명령에 순종하는지 불순종하는지를 알아보려 하신 것입니다. 사사기에 이스라엘을 지배하며 그들을 압박하고 약탈하며 괴롭게 한 족속으로 메소포타미아, 암몬, 아말렉, 모압, 가나안, 미디안, 블레셋 등 수많은 족속들이 있습니다. 이방 족속들의 포악한 압박과 폭정에서 이스라엘을 건져낸 지도자들 곧 사사들을 히브리어로 '소펫팀'이라 합니다. 이제부터 우리는 사사기를 공부하면서 여호와 하나님의 구원과 아브라함과 이삭과 야곱에게 세우신 약속을 지키시려는 그 성실하심과 인자와 오래 참으심을 느끼고 깨닫게 될 것입니다. 구약성경에서 사사기는 몇 번째 책에 해당하나요? 사사기까지 차례대로 써 주시고 여러분이 문답으로 기억되는 성경공부를 마스터한 책은 밑줄을 쳐 주세요.

답: ______________________________

문2. 이스라엘의 열두 지파 중 요단 강을 건너기 전 요단 동편 쪽에 땅을 분배 받은 지파가 있었습니다. 그 지파들의 이름은 무엇인가요?

답: ________________________________

문3. 레위 지파는 가나안 땅을 분배 받지 못하여 기업이 없었습니다. 왜 레위 지파에게는 땅을 분배해 주지 않았나요?

답: ________________________________

문4. 여호와 하나님을 전적으로 따랐던 갈렙은 가나안 땅에 들어가 그 땅을 얻는 날 네가 밟은 땅은 너와 네 자손에게 주겠다고 약속한 모세의 약속을 여호수아에게 상기시켰습니다. 그래서 여호수아는 갈렙에게 축복하고 갈렙이 원하는 땅을 주었습니다. 갈렙이 얻은 땅의 이름은 무엇인가요?

답: (수 14:14) ________________________________

문5. 여호수아는 죽어 에브라임 산간지대 딤낫 세라에 장사되었고 아론의 아들 엘르아살도 죽어 그 아들 비느하스가 유산으로 물려받은 에브라임 산간지대의 기브아에 장사되었습니다. 이스라엘 백성들이 가나안 땅에 들어가 성막을 세우고 여호와 앞에서 제비를 뽑아 땅을 분배한 곳의 이름은 무엇인가요?

답: ________________________________

문6. 유다 지파가 분배 받은 땅은 에돔 경계선과 신 광야 최남단까지입니다. 또 가데스 바네아 남쪽으로 올라가서 헤스론을 지나 지중해 연안까지이고, 동쪽 경계선은 사해 북단에서 길갈을 향하고 북쪽으로 힌놈 골짜기로 올라가 예루살렘 성이 위치한 여부스 남쪽 언덕에 이르고 서쪽을 돌아 세일 산에 이르고 북쪽에 위치한 벧세메스로 내려가서 딤나를 지나 지중해 연안 끝이었습니다. 예루살렘의 옛 이름은 무엇인가요?

답: ______________________________

문7. 이스라엘 열두 지파 중 일곱 지파가 아직 땅을 분배 받지 못하였으므로 여호수아는 각 지파에서 세 사람씩 선정하여 아직 점령하지 않은 땅을 정찰하고 자기 지파가 분배 받을 땅의 지형을 그려 오도록 했습니다. 그래서 그들은 지시 받은 대로 가서 그 땅의 전 지역을 일곱 부분으로 나누어 그 성들을 하나하나 기록해서 실로에 있는 여호수아에게 돌아왔습니다. 그리고 여호수아는 그 남은 일곱 지파를 위해서 여호와 앞에서 제비를 뽑아 그 땅을 나누어 주었습니다. 그때 제비 뽑아 그 땅을 분배 받은 일곱 지파 이름은 무엇인가요?

답: (수 18-19장) ______________________________

문8. 요단 강 동쪽에 땅을 분배 받은 르우벤 지파, 갓 지파, 므낫세 동쪽 반 지파는 그들의 땅으로 돌아갔고 기업이 없는 레위 지파를 제외하고 이스라엘 여덟 지파 반이 실로에서 여호수아를 장사한 후 각기 분배 받은 땅으로 들어가야 했습니다. 그때 어느 지파가 제일 먼저 분배 받은 자기 땅으로 싸우러 갈 것인가에 대하여 여호와께 물었습니다. 가나안 땅에 들어가 원주민을 몰아내고 분배 받은 땅을 지파별로 정복하여 그 땅에 정착한다는 것은 이스라엘 자손들에게 45년의 꿈이었습니다. 그래서 반드시 승리할 수 있는 지파가 선발대로 싸우러 나가야 했던 것입니다. 이스라엘 자손들이 여호와께 물었을 때 여호와께서 므낫세 서쪽 반 지파와 여덟 지파 중 어느 지파에게 먼저 가라고 하셨나요?

답: (1:2) ______________________________

문9. 여호와께서는 내가 그 땅을 유다 지파에게 넘겨주겠다고 말씀하셨습니다. 그때 유다 지파 사람들이 어느 지파에게 함께 싸우러 가자고 부탁했나요?

답: ______________________________

문10. 유다 지파 사람들이 시므온 지파 사람들에게 무슨 말로 부탁했나요?

답: (1:3) ______________________________

문11. 그래서 시므온 지파는 어떻게 했나요?

답: ______________________________

문12. 유다 지파가 가나안 사람과 브리스 사람을 공격할 때에 여호와께서 그들을 도와주셨으므로 그들이 베섹에서 일만 명을 죽일 수 있었습니다. 그들은 또 가나안 사람과 브리스 사람을 공격할 때에 아도니 베섹을 만나 싸웠는데 그가 싸우다가 도주하므로 추격하여 잡아서 그의 양쪽 엄지손가락과 발가락을 잘라 버렸습니다. 그러자 아도니 베섹이 뭐라고 하였나요?

답: (1:7) ______________________________

문13. 유다 지파는 아도니 베섹을 어떻게 처리하였나요?

답: ______________________________

문14. 유다 지파는 예루살렘을 정복하여 그곳 주민들을 다 죽이고 그 성을 불태웠습니다. 그 후에 그들은 산간지대와 남방과 평지에 사는 가나안 사람들과 싸웠으며 또 쳐들어가서 헤브론에 거한 가나안 사람들을 치고 세새와 아히만과 달매를 죽였습니다. 헤브론의 본 이름은 무엇이었나요?

답: (1:10) ______________________________

문15. 유다 지파가 본래 기럇 세벨이라고 하는 드빌 성을 치러갔습니다. 그때 갈렙이 "누구든지 기럇 세벨을 쳐서 점령하는 자에게 내 딸을 주겠다" 고 공언하였습니다. 그러자 갈렙의 조카이며 그나스의 아들인 옷니엘이 그 성을 점령하였습니다. 그래서 갈렙은 자기 딸을 옷니엘에게 아내로 주었습니다. 갈렙의 딸 이름은 무엇이었나요?

답: (1:13) ______________________________

문16. 악사가 친정을 떠날 때 갈렙에게 말하기를 "아버지께서 나를 건조한 남방으로 보내시니 샘물도 내게 주옵소서" 하매 갈렙이 어떻게 하였나요?

답: (1:15) ______________________________

문17. 유다 지파가 아랏 남방의 새 땅으로 옮겨갈 때에 겐 사람이었던 모세의 장인의 후손들도 유다 지파와 함께 옮겨갔는데, 겐 족속들은 어디에 살고 있었나요?

답: (1:16) ______________________________

문18. 겐 족속들은 언제부터 종려나무 성읍인 여리고에 살고 있었나요?

답: ______________________________

문19. 이스라엘과 겐 족속은 어떤 관계이기에 이스라엘은 겐 족속에게 그 같은 호의를 베푼 것일까요? 이스라엘과 겐 족속과의 관계는 누구 때부터 누구누구로 이어져 왔나요? 아는 대로 써주세요.

답: ______________________________

문20. 유다 지파는 분배 받은 땅에 들어가기 위해 싸울 때 시므온 지파의 도움을 받아 함께 싸우자 하였고, 시므온 지파가 분배 받은 땅에 들어가기 위해 스밧 성에 사는 가나안을 공격할 때 유다 지파는 약속대로 시므온과 함께 싸웠습니다. 유다 지파는 가사와 아스글론과 에그론과 그 주변 부락들까지 다 점령하였습니다. 19절 말씀에는 "여호와께서 유다 지파와 함께 하셨으므로 그들은 산간 지대를 완전히 점령하였다" 고 하였습니다. 이스라엘 12지파가 분배 받은 땅에 있는 가나안 족속과 싸울 때 여호와께서 함께 하신 지파는 유다 지파와 요셉 지파뿐이었습니다. 왜 하나님께서는 다른 지파가 싸울 때는 함께 하지 아니하시고 유다 지파와 요셉 지파가 싸울 때만 함께 하신 건가요?

답: ______________________________

문21. 시므온 족속은 유다 지파와 함께 싸웠으므로 산간 지대를 완전히 점령했으나 쫓아내지 못한 골짜기 원주민이 있었습니다. 그들을 왜 쫓아내지 못했나요?

답: (1:19) ______________________________

문22. 베냐민 지파의 땅은 유다 지파와 에브라임과 므낫세 서쪽 반 지파가 받은 땅의 중간지대였습니다. 베냐민 지파는 어디에 사는 족속들을 쫓아내지 못하고 이방 족속과 함께 살았나요?

답: (1:21) ______________________________

문23. 벧엘 성의 이름을 루스라고 하였는데 벧엘 성을 루스라 이름 붙인 자는 누구인가요?

답: (1:22-26) ______________________________

문24. 므낫세 지파는 그들이 분배 받은 땅에 살고 있는 가나안 사람들을 쫓아내었나요?

답: (1:27) ______________________________

문25. 에브라임 지파는 가나안 원주민들을 완전히 몰아내었나요?

답: (1:29) ______________________________

문26. 스불론 지파도 기드론과 나할롤에 사는 원주민들을 쫓아내지 않았습니다. 원주민들과 스불론 지파는 어떤 관계였나요?

답: (1:30) ______________________________

문27. 아셀 지파는 원주민들을 쫓아내었나요?

답: (1:31) ______________________________

문28. 납달리 지파는 어떠했나요?

답: ______________________________

문29. 단 지파는 어떠했나요?

답: (1:34) ______________________________

문30. 단 지파가 아모리 사람들을 쫓아내지 못하였으므로 그들은 헤레스 산과 아얄론과 사알빔에서 계속 그대로 살았습니다. 그러나 아모리 사람들은 결국 정복되어 종으로 살았습니다. 아모리 사람들을 쳐서 정복한 지파는 누구인가요?

답: (1:35) ______________________________

문31. 가나안 땅을 분배 받은 각 지파들 거의가 가나안 땅 원주민을 다 쫓아내지 못하였습니다. 그들은 모세와 여호수아의 명령을 지켰나요?

답: ______________________________

문32. 가나안 땅에 사는 원주민들을 다 쫓아내지 못할 경우 그들은 이스라엘 백성의 무엇이 될 거라고 경고하였나요?

답: (민 33:55; 수 23:13) ______________________________

____

사사기 2-3장

문1. 어느 날 여호와의 사자가 길갈에서부터 보김에 이르러 이스라엘 백성에게 말하기를 "나는 너희를 애굽에서 인도하여 내어 너희 조상들에게 약속한 땅으로 들어오게 하였다. 내가 너희에게 세운 언약을 영원히 어기지 아니하리니 너희도 이 땅에 사는 사람들과 계약을 맺지 말고 그들의 단을 헐라 하였거늘, 어째서 이처럼 내 말에 불순종하였느냐" 하시고 또 뭐라고 말씀하셨는데, 그 내용은 무엇인가요?

답: (2:3) ______________________________

문2. 여호와의 사자가 이스라엘 모든 백성들에게 이 말을 했을 때 그들은 어찌 하였나요?

답: (2:4) ______________________________

문3. 여호수아는 이스라엘 백성들을 분배 받은 땅으로 각기 지파대로 가서 그 땅을 차지하게 하였습니다. 그들은 여호수아가 사는 날 동안에 여호와를 잘 섬겼고, 그 후에도 그들은 이스라엘을 위하여 여호와께서 행하신 모든 큰일을 직접 본 자들이 사는 날 동안 여호와를 섬겼습니다. 여호수아는 몇 세에 죽었으며, 그를 어디에 장사하였나요?

답: (2:8) ① 여호수아의 죽은 나이: ______________________________

(2:9) ② 장사한 곳: ________________________________

문4. 여호수아와 같은 시대 사람들은 다 죽었고 다른 세대가 일어났는데 그들은 여호와를 알지 못하였고 여호와께서 이스라엘을 위하여 행하신 일도 알지 못하였습니다. 그래서 그들의 사회는 불신앙과 세속으로 타락하였고 바알과 아스다롯 같은 우상을 섬기며 살아계시고 참되신 하나님을 떠나게 되었습니다. 그들이 그렇게 된 가장 큰 이유가 무엇인가요? 그리고 이 글을 읽은 우리는 무엇을 깨닫게 되나요?

답: ① 이유: ________________________________

② 깨달음: ________________________________

문5. 이스라엘 자손들이 여호와를 버리고 바알과 아스다롯을 섬겼으므로 여호와께서 이스라엘에게 진노하사 그들을 노략자들의 손에 붙여 노략 당하게 하시며 또 사방 모든 대적의 손에 넘겨 그들 주변의 원수들의 지배를 받게 하셨습니다. 이스라엘이 원수들과 대적하여 싸움도 해보았지만 그들이 어디를 가든지 무엇을 하든지 그들에게는 재앙과 곤경에 빠지는 일뿐이었습니다. 그 이유가 무엇인가요?

답: (2:15) ________________________________

문6. 그 후에 여호와께서 사사들을 일으켜 이스라엘을 약탈자들의 손에서 구출하셨으나, 그들은 사사들에게도 순종하지 않고 돌이켜 다른 신들을 음란하듯 좇아 그들에게 절하고 그것들을 섬겼습니다. 그럴수록 그들은 대적들에게 더 심한 압박과 괴로움을 받아 슬피 부르짖었고, 그때마다 여호와께서는 뜻을 돌이켜 사사를 세워 그들을 대적의 손에서 구원하셨습니다. 이 같은 일은 계속 반복되어 그들을 구원한 사사가 죽으면 또 다시 우상에게 돌아갔고 더욱 패괴한 짓을 하였고 그 행위와 패역한 길을 그치지 않았습니다. 여호와께서 이스라엘에게 진노하여 이렇게 말씀하셨습니다. "이 백성이 나와 그들의 조상과 세운 언약을 어기고 나의 말을 순종치 아니하였은즉, 나도 그들을 도와주지 않겠다." 여호수아가 죽을 때까지 정복하지 못했던 이 땅의 남은 민족을 더는 쫓아내지 않고 그들을 이용하여 이 백성의 하는 행동을 지켜 볼 것이라고 하셨습니다. 여호와께서 그들을 지켜보시고 시험하려 하신 요점이 무엇인가요?

답: (2:22) ______________________________

문7. 이스라엘 자손의 세대 중에 전쟁을 알지 못하는 자에게 그들을 시험하시기 위하여 남겨두신 그 땅의 원주민들이 있었습니다. 그런데 이스라엘은 그들 가운데 살면서 이 민족들과 서로 결혼하고 그들의 신을 섬겼습니다. 그 땅의 원주민 여섯 족속의 이름은 무엇인가요?

답: (3:5) ______________________________

문8. 이스라엘 백성은 또다시 악을 행하여 하나님 여호와를 잊어버리고 바알과 아세라를 섬겼습니다. 이에 여호와께서는 이스라엘에게 진노하사 그들을 메소포타미아 왕 구산 리사다임의 손에 넘기셨습니다. 이스라엘 자손이 구산 리사다임을 몇 년간 섬겼나요?

답 (3:8) ______________________________

문9. 이스라엘 자손이 여호와께 부르짖으니 여호와께서 한 구원자를 세워서 그들을 구원하게 하셨습니다. 그 구원자는 누구였나요?

답: (3:9) ______________________________

문10. 여호와의 신이 옷니엘에게 임하셨으므로 그가 이스라엘의 사사가 되어 메소포타미아 왕 구산 리사다임을 이기고 이스라엘을 평안케 하였습니다. 옷니엘이 죽을 때까지 몇 년간 평화가 있었나요?

답: (3:11) ________________________________

문11. 이스라엘 자손이 또 여호와의 목전에 악을 행하여 여호와께서 모압 왕 에글론을 강성케 하셨습니다. 에글론이 암몬 사람과 아말렉 사람의 세력을 모아 이스라엘을 치고 종려나무 성인 여리고를 점령하였습니다. 그래서 이스라엘은 모압 왕 에글론의 지배를 받았는데 몇 년을 받았나요?

답: (3:14) ________________________________

문12. 이스라엘 자손이 여호와께 부르짖으매 여호와께서 한 구원자를 세우셨는데 그는 어느 지파에 속한 누구였나요?

답: (3:15) ________________________________

문13. 이스라엘 백성은 에훗에게 조공을 주어 모압 왕 에글론에게 갖다 바치게 하였는데 에훗이 에글론에게 조공을 바친 후 에글론에게 조용히 드릴 말씀이 있다고 하면서 가까이 가서 45센티미터 정도의 양날의 칼로 비대한 에글론의 배를 찔러 등까지 나오게 하였습니다. 그리고 에훗은 스이라로 도망쳤습니다. 에훗이 에브라임 산간 지대에 와서 나팔을 불어 병력을 소집한 다음 그들을 이끌고 산간 지대를 내려오며 외친 말이 있습니다. 무슨 말을 외쳤나요?

답: (3:28) ____

문14. 그들은 에훗을 따라 내려가서 모압으로 들어가는 요단 강 나루를 장악하고 한 사람도 그 강을 건너지 못하게 하였습니다. 그날 이스라엘이 모압을 공격하여 모압의 역사와 용사들을 모조리 죽였습니다. 그때 몇 명을 죽였나요?

답: (3:29) ____

문15. 그날에 모압이 이스라엘 수하에 항복하므로 그 후로 그 땅에 평화가 있었는데 몇 년 동안 평화하였나요?

답: (3:30) ____

문16. 에훗 사사의 후에 아낫의 아들 삼갈이 이스라엘을 블레셋의 압제로부터 구원하였는데 그는 무엇으로 블레셋 사람 몇 명을 죽였나요?

답: (3:31) ____

사사기 4-5장

문1. 에훗이 죽은 후에 이스라엘 자손이 또 여호와의 목전에 악을 행하므로 여호와께서 하솔에서 통치하는 가나안 왕 야빈의 손에 그들을 넘겨 지배하게 하셨습니다. 그 군대 장관은 어디에 사는 누구였나요?

답: (4:2) ________________________________

문2. 가나안 왕 야빈은 철 병거 900대를 소유하고 있었는데 이스라엘 백성을 잔인하게 통치하였습니다. 그는 몇 년 동안 이스라엘을 통치하였나요?

답: (4:3) ________________________________

문3. 이스라엘 백성은 야빈의 잔인한 학대로 인하여 여호와께 부르짖었습니다. 그때 이스라엘의 사사는 누구였나요?

답: (4:4) ________________________________

문4. 그녀는 에브라임 산지 라마와 벧엘 사이 드보라의 종려나무 아래 거하였는데 거기서 무엇을 하였나요?

답: (4:5) ____

문5. 어느 날 드보라가 납달리 땅 게데스에 사는 아비노암의 아들 바락을 불러다가 이스라엘의 하나님 여호와께서 명령하신 말씀을 전하였습니다. 그 명령은 무엇이었나요?

답: (4:6–7) ____

문6. 드보라 여선지자에게 하나님의 명령을 들은 바락이 뭐라고 대답하였나요?

답: (4:8) ____

문7. 바락의 대답을 들은 드보라는 바락에게 무슨 말을 하였나요?

답: (4:9) ____

문8. 드보라는 바락과 함께 게데스로 갔습니다. 바락이 스불론과 납달리를 게데스로 불러 모았습니다. 그때 몇 명이 바락을 따라 게데스로 올라갔나요?

답: (4:10) ____

문9. 모세의 장인 호밥의 자손 중 겐 사람 헤벨이 겐 사람들을 떠나 게데스 가까운 곳에 장막을 치고 살고 있었는데 그곳은 어디였나요?

답: (4:11) ____

문10. 아비노암의 아들 바락이 다볼 산에 올라갔다는 말을 들은 시스라가 900대의 철 병거와 모든 군대를 하로셋에서부터 기손 강가로 집결시켰습니다. 그때 드보라가 바락에게 "일어나라 이는 여호와께서 시스라를 네 손에 붙이신 날이라" 고 하였습니다. 그래서 바락은 자기를 따르는 일만 명을 거느리고 다볼 산에서 기손 강가로 내려가니 여호와께서 시스라의 군대가 바락의 칼날에 패하게 하셨습니다. 시스라가 병거에서 내려 도망쳤고 시스라의 온 군대가 다 칼에 엎드러졌고 남은 자가 없었습니다. 그때 시스라가 도망쳐 들어간 곳이 누구의 집이었나요?

답: (4:17) ____

문11. 시스라는 왜 겐 사람 헤벨의 장막으로 도망쳤나요?

답: (4:17) ____

문12. 야엘이 시스라를 영접하여 시스라가 그 장막에 들어갔습니다. 그래서 야엘이 이불을 덮어 주었습니다. 시스라가 야엘에게 내게 물 좀 달라고 하자 야엘은 시스라에게 우유를 주어 먹게 하였습니다. 시스라는 야엘에게 장막 문에 섰다가 누가 와서 찾거든 아무도 없다 하라고 말하고는 곤비하여 깊이 잠들었습니다. 그때 야엘은 시스라를 어떻게 하였나요?

답: (4:21) ____

문13. 바락이 시스라를 찾으러 왔을 때 야엘이 바락을 맞으며 시스라의 죽은 시체를 보여 주었습니다. 이렇게 하여 가나안 왕 야빈이 이스라엘 자손에게 패했습니다. 그 최후 승리의 영광을 차지한 사람은 바락인가요, 야엘인가요? 그것을 예언한 드보라 여선지자의 예언이 몇 절에 나오나요?

답: ______________________________

문14. 가나안 왕 야빈을 진멸한 그날 드보라와 바락이 승리의 노래를 불렀습니다. "이스라엘의 두령이 용감하게 앞장섰고 백성들이 즐거이 헌신하였으니" 하며 누구를 노래하며 찬송하였나요?

답: (5:3) ______________________________

문15. 여호와께서 세일에서부터 나오시고 에돔 들에서부터 진행하실 때에 땅이 진동하고 하늘이 비를 쏟았으며 산들이 여호와 앞에서 흔들리고 시내 산도 여호와 앞에서 진동하였습니다. 아낫의 아들 삼갈의 날에 또 야엘의 날에 누가 일어나서 이스라엘의 어머니가 되었다고 하였나요?

답: (5:7) ______________________________

문16. 이스라엘 자손들이 살던 땅에 전쟁이 일어난 이유가 무엇이라 하였나요?

답: (5:8) ______________________________

문17. 가나안 왕 야빈과 싸우려 하던 날 에브라임에서 나왔고 그들과 베냐민이 섞여 나왔고 마길에서 지휘관들이 내려오고 스불론에서는 장교들이 내려왔습니다. 잇사갈의 지도자들이 드보라와 함께 하였고 잇사갈은 바락을 따라 기손 강 골짜기로 내려가 죽음을 무릅쓰고 싸울 때 이리저리 망설이며 기회를 엿보며 싸움에 동참하지 않은 지파가 있었습니다. 어떤 지파는 양 우리에 앉아 목동들의 피리소리만 듣고 있었고, 어느 지파는 요단 저편에 머물러 있었고, 어느 지파는 배에 머물러 있었으며, 어느 지파는 해변의 자기 땅에 머물러 있으면서 스블론과 납달리 지파가 생명을 걸고 싸울 때 모른 체하고 있었습니다. 그들이 어느 지파였는지 네 지파 이름을 써보세요.

답: (5:16–17) ______________________________

문18. 이스라엘이 가나안 왕 야빈의 군대장관 시스라와 싸울 때 별들이 하늘 저편에서부터 와서 싸웠고 기손 강의 급류에 시스라의 군사들을 몰아넣었습니다. 그때에 여호와의 천사가 말하였습니다. 여호와를 도와 시스라의 용사들을 치지 아니한 거민을 저주하라 하였습니다. 어디 사는 거민들을 저주하라 하였나요?

답: (5:23) ______________________________

문19. 여인 중에 가장 복 있는 자는 누구라 하였나요?

답: (5:24) ______________________________

문20. 야엘이 무슨 일을 하였나요?

답: (5:26–27) ______________________________

문21. 시스라가 승리의 개가를 부르면서 병거를 몰고 오기를 기다리는 사람이 있습니다. 그는 누구였나요?

답: (5:28) ______________________________

문22. "여호와를 대적하는 자는 야빈과 시스라 같이 망하게 하시고 여호와를 사랑하는 자는 해가 힘 있게 떠오름 같게 하옵소서." 이 노래는 누가 부른 노래인가요?

답: ______________ ______________

문23. 그 후 그 땅에는 몇 년 동안 태평한 세월이 있었나요?

답: (5:31) ______________________________

사사기 6장

문1. 이스라엘 백성이 또 여호와의 목전에 악을 행하였으므로 여호와께서 그들을 미디안 사람들의 손에 붙이셨습니다. 그 기간이 얼마였나요?

답: (6:1) ______________________________

문2. 미디안 사람들이 이스라엘을 잔인하게 지배했으므로 이스라엘 사람들은 그들을 피하여 산속 동굴과 안전지대인 산성으로 피신해 살았습니다. 이스라엘 사람들이 씨를 심어 놓으면 미디안 사람과 아말렉 사람과 동방 사람들이 쳐들어와서 그 땅에 진을 치고 모든 농작물을 해치며 양과 소와 나귀를 모조리 약탈해 갔습니다. 그들은 메뚜기처럼 몰려왔는데 그들의 수가 너무 많아 셀 수 없을 정도였습니다. 그들은 이스라엘 사람들이 사는 땅을 폐허로 만들었습니다. 이스라엘을 어떻게 하였나요? 답을 두 가지로 나누어 쓰세요.

답: ① (6:6) ______________________________

② (6:7) ______________________________

문3. 이스라엘 백성이 여호와께 부르짖으니 여호와께서 그들에게 어떻게 하셨나요?

답: (6:8-10) ______________________________

문4. 어느 날 여호와의 사자가 오브라로 가서 아비에셀 사람 요아스의 상수리나무 아래에 앉아 있었습니다. 그때 요아스의 아들 기드온이 미디안 사람의 눈을 피해 포도즙 틀에서 무엇을 하고 있었나요?

답: (6:11) ______________________________

문5. 여호와의 사자가 기드온에게 나타나 뭐라고 하였나요?

답: (6:12) ______________________________

문6. 기드온이 여호와의 사자에게 뭐라고 하였나요?

답: (6:13) ______________________________

문7. 그때 여호와께서 그를 보시며 "너는 이 네 힘을 의지하고 가서 이스라엘을 미디안의 손에서 구원하라 내가 너를 보낸다"라고 말씀하셨습니다. 여호와께서 기드온에게 '내 힘을 의지하고' 라고 하시지 않고 '이 네 힘을 의지하고' 라고 하셨습니다. 기드온의 힘이 무엇이었나요?

답: ______________________________

문8. 기드온이 주의 사자에게 뭐라고 대답하였나요?

답: (6:15) ______________________________

문9. 여호와께서 기드온에게 "내가 반드시 너와 함께 하리니 네가 미디안 사람 치기를 한 사람을 치듯 하리라" 고 말씀하셨습니다. 이때 기드온이 여호와의 사자에게 뭐라고 대답했나요?

답: (6:17-18) ______________________________

____

문10. 그래서 여호와께서는 기드온에게 뭐라고 대답하셨나요?

답: (6:18) ______________________________

문11. 기드온이 집으로 가서 염소새끼 한 마리를 잡고 가루 한 에바(22리터)로 누룩을 넣지 않은 빵을 만들어 고기는 바구니에 담고 국물은 냄비에 담아서 상수리나무 아래 그에게로 가져다가 드렸습니다. 그러자 하나님의 사자가 기드온에게 뭐라고 하였나요?

답: (6:20) ______________________________

문12. 기드온이 사자의 말씀대로 하니 여호와의 사자가 어떻게 하였나요?

답: (6:21) ______________________________

문13. 기드온이 그가 여호와의 사자였음을 알고 두려워서 "주 여호와여 내가 여호와의 사자를 대면하여 보았나이다" 하고 부르짖었습니다. 그러자 여호와께서 그에게 이르시되 “너는 안심하라. 두려워 말라. 너는 죽지 아니하리라” 하셨습니다. 기드온이 여호와를 위하여 무엇을 하였나요?

답: (6:24) ________________________________

문14. 그날 밤에 여호와께서 기드온에게 말씀하셨습니다. “너는 네 아비의 수소 곧 칠 년 된 둘째 수소를 취하고 네 아비에게 있는 바알의 단을 헐고 단 곁의 아세라 상을 찍고 이 산꼭대기에 네 하나님 여호와를 위하여 규례대로 한 단을 쌓고 그 둘째 수소를 잡아 네가 찍은 아세라 상 나무로 번제를 드릴지니라.” 그래서 기드온이 종 열을 데리고 여호와의 말씀대로 행하였는데 이 일을 언제 하였나요?

답: (6:27) ________________________________

문15. 성읍 사람들이 아침에 일찍이 일어나 본즉 바알의 단이 훼파되었으며 단 곁의 아세라가 찍혔고 새로 쌓은 단 위에 그 둘째 수소를 드렸는지라 서로 물어 자세히 알아보니 요아스의 아들 기드온이 그렇게 행한 것을 알게 되었습니다. 성읍 사람들이 요아스에게 “네 아들을 끌어내라. 그는 당연히 죽을지니 이는 그가 바알의 단을 헐고 아세라를 찍었음이니라” 고 하였습니다. 그러자 요아스가 자기를 둘러선 모든 자에게 무슨 말을 하였나요?

답: (6:31) ________________________________

____

문16. 그날에 기드온을 여룹바알이라 하였습니다. 기드온을 여룹바알이라 한 이유가 무엇인가요?

답: (6:32) ________________________________

문17. 그때 모든 미디안 사람들과 아말렉 사람들과 동방 사람들이 다 모여 요단을 건너와서 이스르엘 골짜기에 진을 쳤습니다. 그러자 여호와의 신이 기드온에게 강림하여 기드온이 나팔을 불어 아비에셀 사람들을 모아 자기를 따르게 하였고 또 므낫세 지파 전역에 사자를 보내 병력을 소집하였습니다. 그 외에도 기드온이 사자를 보낸 곳이 어디였나요?

답: (6:35) ________________________________

문18. 기드온이 하나님께 말하였습니다. "만일 주께서 약속하신 대로 내 손으로 이스라엘을 구원하려 하시거든, 내가 양털 한 뭉치를 타작마당에 두리니 이슬이 양털에만 있고 사면 땅은 말라 있게 하옵소서. 그러면 내가 이스라엘을 구원할 수 있다고 알겠나이다." 그 후 양털은 어떻게 되었나요?

답: (6:38) ________________________________

문19. 기드온이 또 하나님께 말하였습니다. "나로 다시 한 번 양털로 시험하는 것을 허락하옵소서. 이번에는 양털만 마르고 땅 사면에는 다 이슬이 있게 하옵소서." 이번에는 양털이 어떻게 되었나요?

답: (6:40) ________________________________

• 문답으로 기억되는 성경 16회
사사기 7-8장

문1. 기드온과 그를 쫓는 모든 백성이 일찍이 일어나서 하롯 샘 곁에 진 쳤고 미디안의 진은 그들의 북편 모레 산 곁에 있는 골짜기에 진을 쳤습니다. 여호와께서 기드온에게 말씀하셨습니다. “너를 좇는 백성이 너무 많으니 내가 미디안 사람들을 너희 손에 붙이지 않겠다. 이는 그들이 전쟁에 이겼을 때 자기들 힘으로 전쟁에 이겼다고 교만할 것이기 때문이다. 그러므로 너는 백성들에게 두려워서 떠는 자이거든 길르앗 산에서 떠나 돌아가게 하라.” 그래서 기드온이 이렇게 백성들에게 말하자, 돌아간 자가 몇 명이며 남은 자가 몇 명이었나요?

답: ① 돌아간 자: ____________________

② 남은 자: ____________________

문2. 그러나 여호와께서는 기드온에게 다시 말씀하셨습니다. “아직도 너무 많다. 너는 그들을 강가로 데리고 가거라. 내가 거기서 너와 함께 싸우러 갈 사람과 가지 않을 사람을 구별하여 너에게 보여주겠다.” 그래서 기드온이 그들을 물가로 데리고 갔습니다. 그들로 물을 먹게 하고 개처럼 물을 혀로 핥아 먹는 사람과 무릎을 꿇고 마시는 자를 구별하여 세우라 하셨습니다. 그리고 손으로 물을 움켜 입에 대고 마신 자만 남겨두고 남은 백성은 다 집으로 돌려보내라 하셨습니다. 그때 손으로 물을 움켜 입에 대고 마신 자가 몇 명이었나요?

답: (7:6) ____

문3. 그래서 기드온은 300명을 제외한 나머지 사람들은 모두 집으로 돌려보냈습니다. 남은 300명은 돌아가는 사람들에게서 식량과 나팔을 인수하였습니다. 그때 미디안 군은 어디 있었나요?

답: (7:8) ____

문4. 그날 밤에 여호와께서 기드온에게 말씀하셨습니다. "일어나 내려가서 적진을 치라. 내가 그들을 네 손에 붙였느니라. 그러나 만일 네가 그들을 치는 것이 두려우면 네 부하 부라를 데리고 그 진으로 내려가서 그들의 하는 말을 들으라. 그러면 용기가 나서 그 진을 칠 수 있을 것이다." 그래서 기드온은 부라를 데리고 적군의 진지 끝으로 내려갔습니다. 미디안 사람과 아말렉 사람과 동방의 모든 사람이 누웠는데 메뚜기 떼 같이 많고 약대가 해변의 모래 알같이 많았습니다. 기드온이 그곳에 이른즉 어떤 자가 그 친구에게 꿈 이야기를 하고 있었는데 기드온이 들어보니 그것은 보리떡 한 덩어리가 미디안 진으로 굴러 들어와서 미디안 진을 무너뜨리는 꿈이었습니다. 그 말을 들은 그의 친구가 대답한 말이 무엇이었나요?

답: (7:14) ____

문5. 기드온이 그 꿈과 해몽하는 말을 듣고 하나님께 경배하고 이스라엘 진으로 돌아와서 곧바로 조치를 취했습니다. "일어나라 여호와께서 미디안 군대를 너희 손에 붙이셨느니라" 고 말하고 삼백 명을 세 대로 나누고 각 손에 나팔과 빈 항아리를 들게 하였습니다. 빈 항아리는 무엇 때문에 들게 하였나요?

답: (7:16) ____

문6. 기드온이 그들에게 말했습니다. "내가 적진가에 도착하면 나와 함께한 자가 나팔을 불 것이다. 그때 너희도 일제히 나팔을 불라 그리고 소리쳐라." 기드온은 무슨 말로 소리치라 하였나요?

답: (7:18) ____

문7. 기드온과 그들을 좇는 일백 명이 미디안 군의 진지 끝에 도착했을 때 그들이 보초 교대를 마치는 자정 무렵이었습니다. 기드온의 300명 군사들이 일제히 나팔을 불고 항아리를 깨뜨리며 "여호와를 위한 칼이여, 기드온을 위한 칼이여" 라고 외쳤습니다. 그러자 온 적군이 놀라 아우성치며 허둥지둥 달음질하고 도망쳤는데, 여호와께서 그들을 혼란 가운데 빠뜨려 자기들끼리 서로 칼로 치게 하셨습니다. 그들이 도망칠 때 이스라엘 세 지파에서 소집된 군대가 추격하였는데 그들 세 지파는 어느 지파였나요?

답: (7:23) ____

문8. 기드온은 에브라임 산간 지대 전역에 사자를 보내어, "모두 내려와서 미디안 군을 치고 그들을 앞질러 가서 요단 강 나루터를 장악하고 한 사람도 강을 건너가지 못하게 하라" 하였습니다. 그래서 이스라엘 사람들이 요단 강 나루터를 장악하고 미디안 군의 두 지휘관을 생포하였습니다. 그 두 방백의 이름이 무엇인가요? 그리고 그들을 어떻게 처리하였나요?

답: (7:25) ____

문9. 기드온의 요청으로 에브라임 사람들이 소집되어 나왔고 그들은 요단 나루를 장악하여 그곳에서 미디안 두 방백 오렙과 스엡을 잡아 목을 쳤고 그 머리를 가지고 요단 저편에 있는 기드온에게 갖다 주며 크게 화를 내며 따졌습니다. 기드온은 아비에셀에 살던 므낫세 지파 중 한 사람인 요아스의 아들입니다. 그러니까 에브라임 사람들과는 다 같은 요셉의 자손들입니다. 에브라임 사람들이 요셉에게 크게 화를 내며 따진 이유가 무엇인가요?

답: (8:1) ______________________________

문10. 기드온이 에브라임 사람들의 불평하는 말을 듣고 지혜롭게 응답하였습니다. "에브라임의 끝물포도가 아비에셀의 맏물포도보다 낫지 아니하냐. 하나님이 미디안 방백 오렙과 스엡을 너희 손에 붙이셨으니 나의 한 일이 어찌 능히 너희의 한 것에 비교되겠느냐." 기드온의 말을 들은 에브라임 사람들은 화를 풀었습니다. 그런데 기드온의 말 중 '에브라임의 끝물포도가 아비에셀의 맏물포도보다 낫지 아니하냐' 라는 말의 뜻은 무엇인가요?

답: ______________________________

____

문11. 기드온은 그의 300명 용사를 거느리고 요단 강을 건너 계속 미디안 군을 추격하였습니다. 그들은 몹시 지치고 피곤한 상태로 숙곳에 도착하였습니다. 기드온은 그곳 주민들에게 "우리는 지금 미디안 왕 세바와 살문나를 뒤쫓고 있는 중인데 너무 지쳐 있으니 먹을 것을 좀 달라" 하였습니다. 그랬더니 숙곳 방백들은 미디안 왕을 네 손으로 붙잡은 일이 분명해질 때까지 우리는 네 군사에게 떡을 줄 수 없다고 거절했습니다. 화가 난 기드온이 숙곳 방백들에게 무슨 말을 하였나요.?

답: ___________________________________

문12. 기드온은 브누엘로 올라가서 그곳 사람들에게 떡을 구했으나 그곳 사람들 역시 숙곳 사람들의 대답과 같았습니다. 기드온이 그들에게도 반드시 징치할 것을 선언했습니다. 기드온이 브누엘 사람들에게 무엇을 선언했나요?

답: ___________________________________

문13. 이때 세바와 살문나는 패잔병 15,000(일만 오천)명과 함께 갈골에 있었는데 미디안 군을 지원한 동방군대 120,000(십이만)명은 이미 죽었고 갈골에 있는 자들은 기드온 군대가 갈골까지 추격할 것이라고는 전혀 생각하지 않았습니다. 그래서 그곳은 안전하다고 생각하고 있었던 것입니다. 기드온은 맘 놓고 있던 그들을 기습 공격하여 전군을 참패시키고 세바와 살문나를 생포하였습니다. 기드온이 징치를 선언한 숙곳과 브누엘 사람들에게 어떻게 징벌했나요?

답: (8:16) ___________________________________

문14. 기드온은 생포한 미디안 두 방백의 죄상을 묻고 그들이 다볼에서 죽인 이스라엘인들이 자신의 형제들임을 말하고 너희는 죽어 마땅한 자들이라 하였습니다. 그리고 장자 여델에게 죽이라 하였으나 그는 아직 어려서 두려워하며 칼을 뽑지 못하였습니다. 그러자 미디안 두 방백인 세바와 살문나가 기드온에게 뭐라고 하였나요?

답: (8:21) ___________________________________

문15. 기드온이 그들을 죽이고 그들의 약대 목에 꾸며 달았던 장식을 취했습니다. 기드온이 그 장식을 취한 이유가 무엇인가요?

답: (8:24) ______________________________

문16. 때에 이스라엘 사람들이 기드온에게 "당신이 우리를 미디안의 손에서 구원하였으니 당신과 당신의 자손이 우리를 다스려주시오"라고 하였으나 기드온은 "나와 내 자손들은 너희를 다스리지 아니할 것이요. 여호와께서 너희를 다스리시리라" 하였습니다. 그리고 "내가 너희에게 한 가지 청구하겠는데 너희가 적군에게서 탈취한 귀고리를 내게 줄지니라" 했습니다. 그러자 그들은 모두 기꺼이 자기들이 빼앗은 귀고리를 겉옷을 펴고 내어놓았습니다. 기드온이 그들에게서 받은 귀고리는 그 무게가 금 몇 세겔이었나요?

답: (8:26) ______________________________

문17. 기드온은 그 금을 가지고 무엇을 하였나요?

답: (8:27) ______________________________

문18. 온 이스라엘이 그 에봇을 음란하게 위하므로 그 에봇이 기드온과 그 집에 올무가 되었습니다. 왜 에봇이 기드온과 그 집에 올무가 되었나요?

답: (참조 출 28:4, 6-30; 삼상 23:9-12, 30:7-8)

____

문19. 미디안 사람들이 이스라엘 사람들 앞에 굴복하여 기드온이 사는 날 동안 그 땅이 태평하였습니다. 그 기간이 얼마였나요?

답: ______________________

문20. 기드온은 자기 집에 돌아가서 살았는데 그에게는 아내가 많아서 아들들이 70명이나 있었습니다. 기드온이 나이 많아서 죽어 그의 아버지 요아스의 묘실에 장사되었습니다. 기드온이 죽은 후 이스라엘 백성들은 다시 바알을 음란하게 섬기고 바알브릿을 자기들의 신으로 삼았습니다. 그들은 사면 모든 대적의 손에서 자기들을 건져내신 여호와 하나님을 기억하지 아니하였고, 기드온이 이스라엘을 위해서 행한 일에 대한 은혜를 어떻게 하였나요?

답: (8:35) ______________________

• 문답으로 기억되는 성경 17회
사사기 9–10장

문1. 어느 날 기드온이 세겜에 있는 첩에게서 낳은 아들 아비멜렉이 자기 어머니의 친정 식구들이 살고 있는 세겜으로 가서 그 어머니의 형제와 외할아버지의 온 가족들에게 이렇게 말했습니다. "여러분 세겜 사람들에게 이렇게 전해주십시오. 여룹바알인 기드온의 아들들 70명이 다 같이 여러분을 다스리는 것과 한 사람이 다스리는 것 중 어느 것이 더 좋은지 물어보십시오. 그리고 나는 여러분의 골육지친임을 생각해 주십시오." 그러자 그 어머니 형제들이 그를 위하여 모든 세겜 사람들에게 전하므로 듣는 자들의 마음이 아비멜렉에게 쏠려 "그는 우리의 형제라" 하고 바알 신당에서 은 칠십 개를 끄집어내어 그에게 주었는데 아비멜렉이 그 돈으로 방탕하고 경박한 패거리들을 사서 자기를 좇게 하였습니다. 그리고 자기 아비의 집으로 가서 무슨 일을 하였나요?

답: (9:5) ______________________________

문2. 그때 기드온의 아들 중 한 사람만 숨어서 목숨을 건졌는데 그는 누구인가요?

답: (9:5) ______________________________

문3. 그 후에 세겜 모든 사람과 밀로의 모든 족속이 세겜에 있는 상수리나무 아래에서 아비멜렉을 왕으로 삼았습니다. 그 소식을 들은 요담이 그리심 산 꼭대기로 올라가서 세겜 사람들에게 무슨 말을 외쳤는데, 그 내용이 무엇이었나요? (9:8-20절까지 읽고 간

략하게 써 주세요.)

답: ______________________________________

____

____

문4. 그 후 요담은 어찌 하였나요?

답: (9:21) ______________________________________

문5. 아비멜렉이 이스라엘을 다스린 지 삼 년에 하나님이 아비멜렉과 세겜 사람들 사이에 악한 신을 보내시어 세겜 사람들이 아비멜렉을 배반하였습니다. 하나님이 이렇게 하신 것은 아비멜렉과 세겜 사람들이 기드온의 아들 70명에게 포학한 짓을 한 아비멜렉의 죄를 심판하려 하심이었고, 또 아비멜렉의 학살을 도운 세겜 사람의 죄를 갚으려고 하셨기 때문이었습니다. 세겜 사람들이 아비멜렉을 대적한 첫 번째 사건이 무엇이었나요?

답: (9:25) ______________________________________

문6. 두 번째 사건은 에벳의 아들 가알이 자기 형제들과 함께 세겜으로 이사 온 것이었습니다. 세겜 사람들은 가알을 따르고 의지하였습니다. 어느 날 그들은 모두 밭으로 가서 포도를 따고 즙을 짜서 잔치를 베풀었습니다. 그들이 신전에 들어가 먹고 마시며 아비멜렉을 저주할 때 에벳의 아들 가알이 일어나 외쳤습니다. "아비멜렉이 누구며 세겜은 누구이기에 우리가 아비멜렉을 섬기는가? 그는 기드온의 아들 아니냐, 수불은 그의 장관으로 그의 심복이 아니냐, 차라리 세겜의 아비 하몰의 후손을 섬길 것이라. 우리가 어찌 아비멜렉을 섬기리요. 내가 만일 이 백성의 지도자라면 내가 아비멜렉을 제거하였으리라." 그리고서 가알은 아비멜렉을 향하여 너의 모든 군대를 이끌고 나오라고 외쳤습니다. 그때 가알의 모든 말을 듣고 화가 치밀어 그 모든 정황을 아비멜렉에게 알리려고 사자를 보낸 자가 있었습니다. 그가 누구였나요?

답: (9:30) ______________________________

문7. 스불이 가알을 따르는 세겜 사람들을 치도록 아비멜렉에게 매복 교사하여 가알을 따르는 세겜 사람들을 쳤고 가알이 맞서 싸웠으나 당하지 못하고 아비멜렉의 사람들에게 전멸 당하였습니다. 아비멜렉이 그 성에 살고 있던 세겜 사람들을 다 죽이고 그 성을 헐고 또 무엇을 하였나요?

답: (9:45) ______________________________

문8. 세겜의 망대, 곧 요새에 살고 있던 사람들이 이 소식을 듣고 엘브릿 신전의 대피소로 들어갔습니다. 그 말을 들은 아비멜렉이 부하들을 이끌고 살몬 산으로 올라가서 도끼로 나무를 찍어 한 다발씩 어깨에 메고 대피소로 가져다가 쌓아놓고 불을 질렀습니다. 그때 그 안에 숨어 있던 세겜 사람들이 어떻게 되었나요?

답: (9:49) ______________________________

문9. 그런 다음 아비멜렉은 데베스로 가서 그 성을 포위하고 점령하였습니다. 그러나 그 성안에는 튼튼한 요새 하나가 있었는데 그 성의 모든 남녀가 그곳으로 도망하여 문을 잠그고 요새 꼭대기로 올라갔습니다. 아비멜렉이 그 요새를 공격하여 문 앞까지 가서 불을 지르려고 하는 순간 한 여자가 맷돌 위짝을 아비멜렉에게 던졌습니다. 그 일이 어찌 되었나요?

답: (9:53) ______________________________

문10. 아비멜렉이 병기 잡은 자기 병사에게 "칼을 빼어 나를 죽이라. 여인에게 죽었다는 말을 듣고 싶지 않다"라고 해서 그가 아비멜렉을 찔러 죽였습니다. 이렇게 해서 아비멜렉이 행한 악한 죄상을 하나님이 심판하셨습니다. 이 같은 일이 있을 것을 누가 저주하며 예언하였는가요?

답: (9:5) ______________________________

문11. 요담의 저주와 예언이 9장 20절에 기록되어 있습니다. 그 말씀을 적어보세요.

답: (9:20) ______________________________

문12. 기드온이 세겜의 첩에게서 낳은 아들 아비멜렉이 극악한 방법으로 왕이 된 것은 이스라엘 백성들이 바알들을 섬기고 바알브릿을 자기들의 신으로 삼고 자기들을 사방의 대적들에게서 구원하신 하나님을 기억하지 아니한 죄악의 결과였습니다. 하나님을 섬기고 예수를 믿는 우리에게도 불신앙과 불순종의 징계가 있습니다. 세겜 사람들과 아비멜렉의 일은 하나님께서 우리에게 내리시는 징계의 방법 중 하나일 수 있습니다. 우리에게 올 수 있는 하나님의 징계나 심판이 무엇이 될 수 있는지, 이 말씀에서 깨달은 점을 기록해 보세요.

답: ______________________________

문13. 하나님께서 세겜 사람들과 아비멜렉의 죄악을 징벌한 후 이스라엘에 돌라와 야일을 사사로 세우시고 상당한 기간 외부 침략이 없는 태평한 시대를 주셨습니다. 그 기간이 얼마였나요?

답: (10:2-3) ________________________________

문14. 야일이 죽은 후 이스라엘 백성은 다시 여호와의 목전에 악을 행하여 우상을 섬기고 여호와를 버리고 그를 섬기지 않았습니다. 그들이 섬겼던 신들 7가지를 써보세요.

답: (10:6) ________________________________

문15. 여호와께서 이스라엘에게 진노하사 그들을 블레셋과 암몬의 손에 넘기사, 요단 동편 길르앗은 18년 동안 학대를 당하였고, 또 요단 강 건너에 살고 있던 유다와 베냐민과 에브라임 지파들도 암몬의 공격을 받아 심한 고통을 당하였습니다. 그러자 이스라엘 자손이 여호와께 부르짖었습니다. "우리가 우리 하나님을 버리고 바알들을 섬김으로 주께 범죄하였나이다." 여호와께서는 그들에게 뭐라고 말씀하셨나요?

답: (10:11-14) ________________________________

____

____

문16. 그러나 이스라엘 자손이 다시 여호와께 간청하였습니다. "우리가 주께 범죄하였으므로 주께서 행하시는 대로 따르겠사오나 한 번만 더 우리를 구해 주옵소서." 그리고 자기들이 섬기던 이방 신상들을 제하여 버리고 여호와를 섬겼습니다. 여호와께서는 이스라엘의 곤고함을 인하여 어떠하셨나요?

답: (10:16) ________________________________

문17. 그때 암몬 사람들이 병력을 소집하고 길르앗에 진을 쳤습니다. 그래서 이스라엘도 미스바에 진을 쳤습니다. 이때 길르앗에 있는 이스라엘 방백들이 서로 말하기를 "누가 먼저 나가서 암몬 사람과 싸우겠느냐?" 했습니다. 누구든지 먼저 나가서 싸우는 자에게 무슨 자격을 준다 하였나요?

답: ________________________________

사사기 11-12장

문1. 길르앗 사람 중 입다는 큰 용사였는데 기생의 아들이었습니다. 길르앗의 본부인에게도 여러 아들들이 있었는데, 그들이 입다에게 '너는 우리 집 기업을 받을 수 없다' 하며 입다를 따돌렸습니다. 그래서 입다는 형제들을 피하여 돕 땅에 가서 살면서 잡류들과 어울렸습니다. 암몬이 이스라엘을 치려 할 때 길르앗 장로들이 입다에게 찾아가 '당신이 와서 우리의 장관이 되어 암몬과 싸워 달라' 요청하였습니다. 입다가 길르앗 장로들에게 대답한 말이 무엇인가요?

답: (11:7) ______________________________

문2. 길르앗 장로들이 "우리가 당신을 찾아온 것은 우리와 함께 가서 당신이 암몬과 싸워주면 당신을 우리의 머리로 삼으려 한 것이요" 라고 했을 때 입다의 반응은 어떠했나요?

답: (11:9) ______________________________

문3. 길르앗 장로들이 입다에게 "여호와께서 우리의 증인이시니 당신의 말대로 우리가 반드시 행할 것이요" 라고 하였습니다. 그래서 입다가 길르앗 장로들과 함께 가니 모든 백성들이 그를 머리와 장관을 삼았습니다. 그래서 입다가 미스바에서 무엇을 하였나요?

답: (11:11) ______________________________

문4. 입다가 이스라엘 백성의 지도자가 되어 맨 처음 암몬에게 한 일이 무엇이었나요?

답: (11:12) ______________________________

문5. 입다가 보낸 사신에게 암몬 왕이 뭐라고 대답하였나요?

답: (11:13) ______________________________

문6. 암몬 왕의 대답을 들은 입다가 다시 암몬 왕에게 사신을 보내어 말했습니다. "이스라엘은 모압 땅과 암몬 자손의 땅을 빼앗은 적이 없다. 이스라엘이 애굽에서 올라올 때에 광야와 홍해를 통과하여 가데스에 이르렀고 사자를 에돔 왕에게 보내어 에돔 땅을 통과하게 해달라고 간청하였으나 허락해 주지 않았고 모압 왕에게도 사신을 보내었으나 그도 거절하였다. 그래서 우리 조상들은 어쩔 수 없이 가데스에 머물러 있다가 후에 에돔 땅과 모압 땅을 돌아서 동쪽을 지나서 아르논 강 맞은편에 진을 쳤다. 아르논 강을 건너가지 않은 것은 그 강이 모압의 경계였기 때문이다. 그래서 헤스본 왕 곧 아모리 왕 시혼에게 사신을 보내어 당신의 땅으로 지나가게 해달라 간청하였으나 시혼이 우리를 지나지 못하게 할 뿐 아니라 그 백성들을 몰고 와서 야하스에 진치고 이스라엘을 공격하였다. 그때 이스라엘의 하나님 여호와께서 시혼과 그 백성을 이스라엘 손에 넘겨주셨으므로 이스라엘이 그들을 쳐서 이기고 남쪽 아르논 강과 북쪽 얍복 강까지와 동쪽 광야에서부터 서쪽 요단 강까지 아모리인의 모든 땅을 점령하게 된 것이다. 이 같이 하여 이스라엘 하나님 여호와께서 자기 백성 이스라엘로 아모리인들을 이기게 하시고 그 땅을 차지하게 하셨는데 네가 무슨 권리로 그 땅을 요구하느냐? 너 같으면 너의 신 그모스가 너에게 주는 땅을 차지하지 않겠느냐? 마찬가지로 우리도 우리 하나님 여호와께서 우리에게 주신 땅을 차지하고 있는 것이다. 네가 모압 왕 십볼의 아들 발락보다 나은 것이 무엇이냐, 발락이 이스라엘로 더불어 다투거나 싸운 일이 있었느냐, 이스라엘이 헤스본과 아로엘과 그 향촌들과 아르논 연안에 있는 모든 성읍에 거한 지 삼백 년이어늘 그 동안에 너희가 어찌하여 도로 찾지 아니하였느냐, 내가 네게 죄 지은 일이 없거늘 네가 나를 쳐서 내게 악을 행하고자 하는데 심판하시는 여호와께서 이스라엘과 암몬 사이에 판결해 주시기를 원한다." 입다가 암몬 왕에게 사신을 보내어 이스라엘이 모압이나 암몬의 땅을 빼앗은 적이 없다는 것을 말했습니다. 그리고 "암몬 왕의 주장이 전쟁을 하기 위한 구실에 불과한 것이며, 심판하시는 여호와께서 누가 정당한지를 판결해 주시기를 원한다" 하였습니다. 사신이 전하는 입다의 말을 들은 암몬 왕의 태도는 어떠했나요?

답: (11:28) ______________________________

문7. 암몬 왕의 태도가 정해지자 여호와의 신이 입다에게 임했습니다. 그러자 입다가 즉시로 군대를 이끌고 길르앗과 므낫세 땅을 건너 길르앗 땅에 있는 미스바를 지나 암몬 군대를 향해 진군하였습니다. 그때 입다가 여호와께 서원하여 말하기를 "주께서 과연 암몬 자손을 내 손에 붙여 승리하게 하시면 내가 고향에 돌아갈 때에 누구든지 내 집 문에서 나와 나를 영접하는 그는 여호와께 돌릴 것이니 내가 그를 번제로 드리겠나이다" 하였습니다. 입다가 암몬을 칠 때 여호와께서 암몬을 입다의 손에 붙이시므로 입다가 암몬의 20개 성을 빼앗고 암몬을 무참히 죽였습니다. 암몬이 결국 이스라엘에 항복하였고, 입다가 미스바에 있는 자기 집으로 돌아왔을 때 무남독녀인 그의 딸이 소고를 잡고 춤을 추며 나와서 그를 영접하였습니다. 그것을 본 입다가 어찌하였나요?

답: (11:35) ______________________________

____

문8. 입다의 딸이 뭐라고 하였나요?

답: (11:36) ________________________________

문9. 입다의 딸이 그 아비에게 요청한 한 가지 일은 무엇이었나요?

답: (11:37) ________________________________

문10. 입다는 딸의 요청을 들어 주었습니다. 그의 딸이 두 달 만에 자기 아버지에게 돌아왔을 때 입다는 자신이 서원한 것을 이행하였으며 딸이 남자를 알지 못하고 죽었습니다. 이것이 이스라엘 가운데 한 규례가 되어 이스라엘 여자들이 해마다 길르앗 사람 입다의 딸을 위하여 애곡하였는데 그 애곡하는 기한이 얼마였나요?

답: (11:40) ________________________________

문11. 에브라임 사람들이 모여 북으로 가서 입다에게 따지며 말했습니다. "네가 암몬 사람들과 싸우러 건너갈 때에 우리를 부르지 않고 왜 너만 가서 싸웠느냐? 우리가 반드시 너와 네 집을 불살라 버리겠다." 에브라임 사람들의 이 같은 비열한 짓은 기드온 때에도 써 먹었습니다. 기드온이 미디안과 싸우러 갈 때에는 모른 척하고 가만히 있다가 기드온이 승리한 것이 드러나자 요단 나루에서 기드온의 작전에 합세하여 미디안의 두 방백을 죽여 그 머리를 들고 와서 말했습니다. "네가 미디안과 싸우러 갈 때에 우리에게 알리지 아니하였으니 우리를 무시한 것이 아니냐?" 그때 기드온은 '유순한 말로 내가 한 일이 어찌 능히 당신들이 한 일에 비교되겠느냐' 하며 그들을 달래었으나, 입다는 기드온과 달랐습니다. 그들의 비겁함을 질타하고 길르앗 사람을 모아 그들과 싸웠고 에브라임을 쳐서 격파했습니다. 길르앗 사람들이 도망치는 에브라임 사람들을 요단 나루에서 잡아 죽였습니다. 그때 잡혀죽은 에브라임 사람들은 몇 명이었나요?

답: ____

문12. 입다가 이스라엘 사사가 된 지 몇 년 만에 죽었나요? 그는 또 어디에 장사되었나요?

답: (12:7) ① ____

② ____

문13. 입다 뒤에 베들레헴 사람 입산이 이스라엘의 사사가 되었고 그가 죽은 후 스불론 사람 엘론이 이스라엘의 사사가 되었으며, 엘론이 죽은 후 비라돈 사람 압돈이 이스라엘의 사사로 있다가 죽었습니다. 입산과 엘론과 압돈이 각각 몇 년씩 이스라엘의 사사로 있다가 죽었나요?

답: (12:8–15) 입산: __________ 엘론: __________ 압돈: __________

• 문답으로 기억되는 성경 19회

사사기 13-14장

문1. 이스라엘 자손이 다시 여호와의 목전에 악을 행하였으므로 여호와께서 그들을 40년 동안 압제를 받게 하셨는데 그들을 누구의 손에 붙이셨나요?

답: (13:1) ______________________________

문2. 소라 땅에 마노아라 이름하는 자가 있었는데 그 아내는 자식을 낳지 못하는 여자였습니다. 마노아는 어느 지파의 사람인가요?

답: (13:2) ______________________________

문3. 여호와의 사자가 마노아의 아내에게 나타나시고 그에게 말씀하시를 "네가 본래 자식을 낳지 못하였으나 이제 잉태하여 자식을 낳을 것이다. 그러므로 너는 포도주와 독주를 마시지 말 것이며 부정한 것도 먹지 말라. 네가 아들을 낳을 것인데 아들을 낳으면 그 아이의 머리를 깎아서는 안 된다. 이 아이는 태에서 나옴으로부터 하나님께 바쳐진 자가 될 것이라" 고 하였습니다. 이 아이는 '하나님께 바침이 되었다' 하였는데 그것을 무엇이라 하였나요?

답: (13:5) ______________________________

문4. 그가 블레셋 사람의 손에서 이스라엘을 구원할 것이라 하였는데, '구원할 것' 이라 하였나요? '구원하기 시작할 것' 이라 하였나요?

답: (13:5) ____________________________

문5. 나실인처럼 포도주나 독주를 마시지 않고 포도원을 두지도 않고 재배하지도 않으며 머리도 깎지 않고 집도 짓지 않고 평생 동안 천막에 거하며 나그네로 살라는 조상의 명령을 받은 사람들이 있었습니다. 그 족속의 이름은 무엇이며 그들은 누구의 자손인가요? (참조: 대상 2:55; 렘 35:18-19)

답: ① ____________________________

② ____________________________

문6. 마노아의 아내가 남편에게 가서 말하였습니다. "하나님의 사람이 내게 임하였는데 그 용모가 하나님의 사자 같아서 심히 두려워서 어디서 온 누구인지 아무것도 묻지 못했습니다. 그런데 그가 내게 말하기를 '네가 잉태하여 아들을 낳을 것이니, 너는 포도주와 독주를 마셔서는 안 되며 부정한 것도 먹지 말라. 네게서 나오는 아이는 태에서 나옴으로부터 죽을 날까지 하나님께 바치운 나실인이 됨이라' 하였습니다." 자기 아내에게서 그 말을 들은 마노아는 무엇을 하였으며 또 뭐라 하였나요?

답: (13:8) ____________________________

____

문7. 하나님이 마노아의 목소리를 들으시고 마노아의 아내가 밭에 있을 때 여호와의 사자가 다시 그에게 임하였으나 그 남편 마노아와 함께 있지 않았습니다. 그러자 여인이 급히 그 남편에게 달려가서 전날에 내게 임하였던 사람이 다시 나타났다고 하였습니다. 마노아가 아내를 따라가서 하나님의 사자에게 물었습니다. "당신이 이 여인에게 말씀하신 사람이십니까?" 라고 하니, "그렇다" 라고 하였습니다. 그러자 마노아가 "당신의 말씀대로 되기를 원하나이다. 아이를 어떻게 기르며 어떻게 행하오리까?" 라고 물었습니다. 여호와의 사자가 말하였습니다. "포도주나 독주를 마시지 말며 부정한 것을 먹지 말고 내가 네 아내에게 명한 것을 다 지켜야 한다" 라고 하였습니다. 마노아가 여호와의 사자에게 "우리가 당신을 위해서 식물 하나를 준비케 하소서" 하고 준비한 것은 무엇이었나요?

답: (13:15) ______________________________

문8. 여호와의 사자가 마노아에게 말했습니다. "내가 너를 기다려준다 하여도 나는 너의 준비하는 식물은 먹지 아니하리라. 그러나 번제물을 준비하려거든 마땅히 여호와께 드릴지니라." 마노아는 그분을 여호와의 사자로 알고 있는 것인가요? 다만 사람인 선지자로만 생각한 것인가요?

답: (13:16) ______________________________

문9. 마노아가 또 여호와의 사자에게 물었습니다. "당신의 이름이 무엇입니까? 당신의 말씀대로 이루어진다면 우리가 당신을 높이 받들고 존경하겠나이다." 그때 여호와의 사자가 자기 이름을 무엇이라 하였나요?

답: (13:18) ______________________________

문10. 마노아가 염소 새끼 하나와 소제물을 가져와 반석 위에서 여호와께 드릴 때 여호와의 사자가 이적을 행하였는데 불꽃이 단에서부터 하늘로 올라가는 동시에 여호와의 사자가 단 불꽃 가운데로 쫓아 올라갔습니다. 그것을 본 마노아와 그의 아내가 어떻게 하였나요?

답: (13:20) ________________________________

문11. 여호와의 사자가 마노아와 그 아내에게 다시 나타나지 않자, 그제서야 그들은 그가 여호와의 사자인 줄 알게 되었습니다. 마노아가 그의 아내에게 우리가 하나님을 보았으니 반드시 죽을 것이라고 하였습니다. 그때 그의 아내는 그에게 뭐라고 하였나요?

답: (13:23) ________________________________

문12. 여인이 아들을 낳았고 여호와께서 그 아이에게 복을 주셨습니다. 그가 자라면서 소라와 에스다올 사이 마하네단에 있을 때 비로소 여호와의 신이 그에게 감동하셨습니다. 그 아이의 이름이 무엇인가요?

답: (13:24) ________________________________

문13. 삼손이 블레셋 사람의 딸 중 한 여자를 보고 그 부모에게 결혼하고 싶다고 말하였는데 삼손은 그 여자를 어디서 보았나요?

답: (14:1) ________________________________

문14. 블레셋 여자와 결혼하고 싶다는 삼손의 말을 들은 그의 부모는 무엇 때문에 완강히 반대하였나요?

답: (14:3) ______________________________

문15. 삼손은 그의 아버지에게 말했습니다. "나를 위해서 그 여자를 데리고 오십시오. 그 여자는 내 마음에 꼭 드는 여자입니다." 그때 이스라엘은 블레셋 사람의 관할하에 있었기 때문에 여호와께서는 삼손을 통하여 블레셋 사람을 칠 기회를 찾고 있었던 것인데 그 부모는 이 일이 여호와의 계획하신 일인 줄 알지 못하였습니다. 삼손이 그 부모와 함께 딤나에 내려가서 딤나의 포도원에 이르렀을 때 갑자기 삼손에게 달려드는 게 있었습니다. 그것이 무엇이었나요?

답: (14:5) ______________________________

문16. 그 순간 삼손은 어떻게 하였나요?

답: (14:6) ______________________________

문17. 삼손은 맨손으로 사자를 찢은 일을 부모뿐 아니라 누구에게도 말하지 않았습니다. 다만 딤나에서 여자를 만나 즐겁게 이야기하며 기뻐하였습니다. 얼마 후 삼손이 그 여자와 결혼하고 딤나로 내려가다가 자기가 찢은 사자가 있는 곳을 가보았습니다. 그 때 삼손은 죽은 사자의 몸에서 무엇을 보았나요?

답: (14:8) ______________________________

문18. 삼손은 손으로 꿀을 취하여 걸어가면서 먹고 그 부모에게도 그것을 드려서 먹게 하였으나 그 꿀을 사자의 몸에서 난 것이라고는 말하지 않았습니다. 그들은 여자의 집에 도착하였고 삼손은 거기서 잔치를 베풀었습니다. 신랑이 잔치를 베푸는 일은 그 지방 풍습이었습니다. 블레셋 사람들은 그 잔치에 30명의 청년을 보내 삼손과 함께 즐기게 하였습니다. 그때 삼손이 청년들에게 수수께끼 하나를 내고 잔치하는 칠 일 동안 그 답을 맞히면 내가 너희에게 베옷 30벌과 겉옷 삼십 벌을 주겠다 하였습니다. 그러나 만일 맞히지 못하면 너희가 내게 베옷 30벌과 겉옷 30벌을 주어야 한다고 했습니다. 그러자 그들이 좋다며 수수께끼를 말해보라고 하였습니다. 그때 삼손이 블레셋 청년들에게 낸 수수께끼는 무엇이었나요?

답: (14:14) ____

문19. 블레셋 청년들은 3일이 지나도록 수수께끼를 풀지 못하였습니다. 4일째 되는 날 그들은 삼손의 아내에게 말하였습니다. "너는 네 남편을 구슬려 그 수수께끼의 답을 우리에게 알려라. 그렇지 않으면 너와 네 아비의 집을 불사르리라. 너희가 우리의 소유를 빼앗으려고 우리를 초대한 것이지? 그렇지 아니하냐?" 그래서 삼손의 아내는 어찌하였나요?

답: (14:16) ____

문20. 삼손이 그 아내에게 "무슨 소리요? 그 답은 내가 나의 부모에게도 말하지 않았는데 어떻게 당신에게 말할 수 있겠소"라고 하였습니다. 그러나 삼손의 아내는 잔치 기간 동안 계속 울고 졸라대며 그 답을 말해 달라 하였습니다. 삼손이 견디다 못해 7일째 되는 날 그 아내에게 답을 말해주고 말았습니다. 그러자 삼손의 아내는 그 수수께끼의 답을 자기 백성들에게 말해주었습니다. 7일째 되는 날 해가 지기 전에 그곳 사람들이 삼손에게 말하였습니다. "무엇이 꿀보다 달며 무엇이 사자보다 강하겠느냐?" 그러자 삼손이 그들에게 대답한 말이 무엇인가요?

답: (14:18) ______________________________

문21. 여호와의 신이 삼손에게 크게 임하였습니다. 삼손이 블레셋 도시로 가서 그곳 사람 30명을 쳐 죽이고 노략하여 수수께끼를 푼 자들에게 옷을 주고 심히 노하여 자기 아비 집으로 돌아가 버렸습니다. 삼손이 30벌의 옷을 노략한 도시 이름은 무엇인가요?

답: (14:19) ______________________________

문22. 삼손이 심히 노하여 자기 집으로 돌아가 버리자 삼손의 아내는 어떻게 되었나요?

답: (14:20) ______________________________

사사기 15-16장

문1. 얼마 후 밀 추수 때가 되었을 때에 삼손은 염소 새끼 한 마리를 가지고 처가로 가서 장인에게 "내가 침실에 들어가 아내를 보고자 합니다"라고 말하니 장인이 들어오지 못하게 하며 말하기를 "자네가 내 딸을 심히 미워하는 줄로 생각하여 그를 자네 동무에게 주었네. 대신 그 동생이 그보다 더욱 아름답지 않는가? 그 애를 취하여 아내를 삼게"라고 하였습니다. 그러자 삼손이 화를 내며 말했습니다. "이번에는 내가 블레셋 사람에게 무슨 짓을 한다 해도 그 책임이 내게 없습니다." 그러고 나가서 무슨 일을 하였나요?

답: (15:4) ____________________

문2. 그때 블레셋 사람들이 "이게 누구 짓이냐?" 하니 어떤 사람이 "딤나 사람의 사위 삼손의 짓이요. 그의 장인이 삼손의 아내를 그 친구 되었던 자에게 주었기 때문이요"라고 말하였습니다. 블레셋 사람들이 올라가서 그 여인과 그의 아비를 불살라 죽였습니다. 그것을 본 삼손이 블레셋 사람들에게 뭐라 하였나요?

답: (15:7) ____________________

문3. 그러자 블레셋 사람들이 올라와서 유다에 진을 치고 레히 일대를 점유하였습니다. 그러자 유다 사람들이 "너희가 어찌하여 우리를 치느냐?"라고 묻자 "삼손이 우리에게 행한 대로 갚아 주기 위해서 그를 잡으러 왔다" 고 했습니다. 유다 사람 3,000명이 모여 에담 바위 동굴로 내려가서 삼손에게 "너는 블레셋 사람이 우리를 관할하는 줄을 알면서 그런 일을 행하였느냐?" 하자 삼손이 그들에게 말하였습니다. "그들이 내게 행한 대로 나도 그들에게 행하였을 뿐이다." 그러자 유다 사람들은 "우리가 너를 결박하여 블레셋 사람에게 넘겨주려고 왔다" 고 했습니다. 삼손이 "그렇다면 너희가 직접 나를 죽이지 않겠다고 맹세하라" 고 하니, 그들은 "우리는 너를 다만 단단히 결박하여 그들의 손에 넘겨주기만 하고 결단코 죽이지 않을 것이라" 고 말하였습니다. 그리하여 새 줄 둘로 삼손을 결박하고 바위 동굴에 있던 삼손을 끌어내었습니다. 결박된 삼손이 레히에 이르자 블레셋 사람들이 소리를 지르며 그에게 달려들었습니다. 그와 동시에 여호와의 신의 권능이 삼손에게 임하였고 삼손을 결박했던 줄이 불탄 삼과 같이 끊어져 나갔습니다. 그러자 삼손이 집어든 것이 무엇이었으며 그것으로 블레셋 사람 몇 명을 쳐 죽였나요?

답: (15:15) ________________________________

문4. 삼손이 나귀의 턱뼈 하나로 '내가 일천 명을 죽였도다' 말하고 그 턱뼈를 내어던졌습니다. 그리고 그곳을 '라맛 레히' 라고 하였습니다. 삼손이 심히 목마르므로 여호와께 부르짖었습니다. "주께서 종의 손으로 이 큰 구원을 베푸셨사오나 이제 내가 목말라 죽어야 하며 할례 받지 못한 자의 손에 붙잡혀야 하겠습니까?" 그러자 하나님은 레히에 한 우물을 터뜨리셔서 거기서 물이 솟아나게 하셨습니다. 삼손이 그것을 마시고 정신이 회복되어 소생하였습니다. 그래서 삼손은 레히에 터진 그 샘을 무어라고 이름 하였나요?

답: (15:19) ________________________________

문5. 이스라엘이 블레셋 사람들의 통치 받던 시대에 삼손이 20년 동안 이스라엘의 사사로 지내었습니다. 어느 날 삼손은 가사로 가서 그곳의 어느 기생집에 들어갔는데 그것을 본 한 사람이 삼손이 가사에 왔다 하므로 가사 사람들이 그를 포위하여 성 문에 숨어 있었습니다. 그리고 새벽이 되면 기습하여 그를 죽이려 하였습니다. 그러나 삼손은 밤중까지 누워만 있다가 한밤중에 일어나 나왔습니다. 밖으로 나온 삼손은 무엇을 하였나요?

답: (16:3) ________________________________

문6. 이후에 삼손이 소렉 골짜기의 들릴라 라는 여자를 사랑했습니다. 그래서 블레셋 방백들이 들릴라에게 가서 말했습니다. "네가 삼손을 꾀어서 그 큰 힘이 어떻게 해서 생기는지, 우리가 어떻게 하면 그를 이기고 결박할 수 있을지 알아보라. 네가 그렇게만 해준다면 우리 각 사람의 대표마다 너에게 많은 은화를 주리라." 이들은 은화를 각각 얼마씩 준다고 하였나요?

답: (16:5) ________________________________

문7. 그래서 들릴라가 삼손에게 물었습니다. "당신의 그 큰 힘이 어디서 오는지 말해 주세요. 어떻게 하면 능히 당신을 결박하여 꼼짝 못하게 할 수 있는가요?" 그러자 삼손이 그에게 말했습니다. "마르지 아니한 푸른 칡넝쿨 일곱 가닥으로 나를 묶으면 내가 약해져서 일반 사람 같이 될 것이요." 그래서 블레셋 방백들은 그것을 가져다가 들릴라에게 주어 잠들어 있는 삼손을 묶게 하고 옆방에 숨어 있었습니다. 여자가 삼손을 다 묶은 후 "삼손! 블레셋 사람들이 왔어요" 하자 삼손은 어찌하였나요?

답: (16:9) ________________________________

문8. 들릴라가 삼손에게 말했습니다. "당신이 거짓말로 나를 놀렸군요. 어떻게 하면 당신을 결박하여 꼼짝 못하게 할 수 있는지, 이제 말해주세요." 삼손은 "한 번도 사용한 적이 없는 새 밧줄로 나를 묶으면 내가 약해져서 다른 사람 같이 될 것이요"라고 말해주었습니다. 들릴라가 블레셋 방백들로 새 밧줄을 가져오게 하여 그것으로 삼손을 묶고 그에게 말했습니다. "보세요! 삼손! 블레셋 사람들이 왔어요" 하니 삼손이 어찌하였나요?

답: (16:12) ______________________________

문9. 들릴라가 다시 삼손에게 말했습니다. "이때까지 당신은 나를 희롱하고 거짓말만 하였어요. 무엇으로 어떻게 해야 당신을 결박할 수 있는지 말해주세요." 이번에 삼손은 "내 머리털 일곱 가닥을 위선(베틀에 걸은 날실)에 섞어 짜면 될 것이오"라고 말해주었습니다. 들릴라가 베를 짜는 바디로 삼손의 머리털을 단단히 짜고, 블레셋 사람이 왔다고 잠든 삼손을 불렀습니다. 그러자 삼손이 잠에서 깨어 베틀의 바디와 위선을 다 뽑아버렸습니다. 그러자 들릴라가 삼손에 뭐라고 하였나요?

답: (16:15) ______________________________

문10. 들릴라가 날마다 힘의 근원을 말해 달라고 조르고 재촉하므로 삼손의 마음이 번뇌하여 죽을 지경이었습니다. 그래서 삼손은 드릴라에게 모든 진실을 말해 주었습니다. "나는 이제까지 한 번도 머리를 깎지 않았다. 이는 내가 모태에서 하나님의 사람이 되었기 때문이다. 만일 내 머리를 깎아 버린다면 내 힘은 내게서 떠나고 나는 약해져서 다른 사람같이 되고 말 것이다." 모태에서 하나님께 바쳐진 사람을 무엇이라 하나요?

답: (16:17) ______________________________

문11. 삼손의 진실한 말을 다 들은 들릴라가 블레셋 방백을 불렀습니다. "삼손이 내게 진정을 다 토하였으니 이제 한번만 더 올라오라." 그래서 블레셋 방백들이 약속한 은화를 가지고 여인에게 왔습니다. 들릴라가 삼손을 자기 무릎을 베고 잠들게 한 후 사람을 불러 일곱 가닥의 그의 긴 머리를 잘라 버렸습니다. 그리고 삼손을 괴롭혀보니 정말 그 힘이 없어졌음을 알게 되었습니다. 그래서 들릴라가 "삼손! 블레셋 사람이 왔어요" 하니 삼손이 잠을 깨며 전과 같이 힘을 쓰려 하였습니다. 그는 여호와께서 이미 자기를 떠나신 줄 깨닫지 못하였습니다. 머리 깎인 삼손은 어찌되었나요?

답: (16:21) ____________________________________

문12. 나실인에서 전락되어 두 눈이 뽑히고 옥에서 맷돌을 돌리는 신세가 된 삼손의 머리털은 다 잘려버린 후 어찌 되었나요?

답: (16:22) ____________________________________

문13. 블레셋 방백들이 다곤 신에게 성대한 제사를 드리려고 다 모여서 즐거워하며 외쳤습니다. "우리의 신이 우리의 원수 삼손을 우리 손에 붙여 주셨다. 이제 삼손을 끌어내어 재주를 부리게 하자." 그리고 삼손을 감옥에서 끌어내어 두 기둥 사이에 서 있게 하였습니다. 삼손이 자기 손을 붙들고 있는 소년에게 무슨 말을 하였나요?

답: (16:26) ____________________________________

문14. 그 신전에는 수많은 사람이 가득하였고 블레셋 모든 방백이 거기 있었으며 그 신전 지붕에는 삼천 명 가량의 남녀가 삼손의 재주부리는 것을 보고 있었습니다. 그때 삼손이 여호와께 부르짖어 기도하였습니다. "주 여호와여 구하옵나니 나를 생각하옵소서. 하나님이여 구하옵나니 한 번만 더 나로 강하게 하사 블레셋 사람이 나의 두 눈을 뺀 원수를 갚게 하옵소서." 그리고 삼손은 집을 버틴 가운데 두 기둥을 하나는 왼손으로 하나는 오른손으로 떠밀었습니다. 두 기둥을 밀면서 삼손이 마지막으로 한 기도가 무엇이었나요?

답: (16:30) ______________________________

문15. 삼손이 힘을 다하여 신전의 두 기둥을 밀었을 때 무슨 일이 일어났나요?

답: (16:30) ______________________________

문16. 삼손이 죽을 때에 죽인 자가 살았을 때에 죽인 자보다 더욱 많았습니다. 심손의 형제와 그 아비의 온 집이 다 내려가서 삼손의 시체를 거두어 가지고 올라와서 소라와 에스다올 사이 그 아비 마노아의 장지에 장사하였습니다. 삼손이 이스라엘 사사로 지낸 것이 몇 년이었나요?

답: (16:31) ______________________________

사사기 17-18장

문1. 에브라임 산지에 미가라는 이름을 가진 사람이 있었는데, 그의 어머니가 은 1,100개를 잃어버리고 그것을 훔쳐간 도둑에게 저주하는 말을 듣고 두려워하여 자기의 죄를 어머니에게 고백하였습니다. 그 어미가 아들에게 뭐라고 하였나요?

답: (17:2) ____________________________________

문2. 미가가 은 일천일백을 자기 어머니에게 돌려주자 그 어머니는 "내가 내 아들을 위하여 나무로 조각한 신상 하나와 부어서 만든 신상 하나를 만들기 위하여 이 은을 여호와께 거룩히 드린다" 하였습니다. 미가의 어머니가 "내가 너를 위해 이 은을 여호와께 바쳐 조각한 신상과 부어 만든 우상을 만들어 그것을 너에게 도로 주겠다" 고 한 말은 어디에 해당하는지 출애굽기 20장 7절과 신명기 5장 11절의 말씀을 읽고 대답해 주세요.

답: ____________________________________

문3. 미가의 어머니가 아들이 훔쳐갔던 돈으로 여호와께 바칠 우상 두 개를 만든다고 한 것은 무엇 때문인가요?

답: ____________________________________

문4. 미가는 어머니가 은장색에게 은 이백을 주고 만든 신상을 자기 집에 두었습니다. 이 사람에게는 신당이 있었는데 에봇과 드라빔을 만들고 자기 아들 중 하나를 제사장으로 삼았습니다. 그때에는 이스라엘 왕이 없었으므로 사람마다 자기 소견에 옳은 대로 행하였습니다. 미가가 만들어 소유한 신당과 에봇은 여호와를 섬기려는 참된 목적인가요? 아니면, 타락한 종교에서 나온 미신적인 신앙인가요?

답: ______________________________

문5. 유다 지파가 살던 베들레헴에 우거하던 레위 사람인 한 소년이 베들레헴을 떠나 살 만한 곳을 찾다가 에브라임 산지에 있는 미가의 집에 이르렀습니다. 그때 미가가 그에게 물었습니다. "너는 어디서 온 것이냐?" 그 소년은 "나는 유다 베들레헴에 살던 레위인으로 살 만한 곳을 찾아다니는 중입니다"라고 말했습니다. 그러자 미가가 그에게 제안했습니다. "그렇다면 나와 같이 살면서 내 자문관과 제사장이 되어 주게. 그러면 내가 매년 은화 10개를 주고 의복 한 벌과 음식을 주겠네." 그 소년은 쾌히 승낙하고 미가의 집에서 아들처럼 살았습니다. 미가가 레위인을 거룩히 구별하였고 소년은 제사장이 되어 그 집에 살게 되었습니다. 그러자 미가는 무슨 말을 하였나요?

답: (17:13) ______________________________

문6. 단 지파는 여호수아 때 제비를 뽑아 가나안 서쪽 산간 지역과 해변에 이르는 비옥한 땅을 지정 받았으나 그 지역에 먼저 살고 있던 원주민인 아모리 족속에게 빼앗기고 말았습니다. 더욱이 그들은 블레셋의 압박을 40년이나 받으면서 살았는데, 단 지파 출신인 삼손이 사사로 20년이나 활동했어도 소라와 에스다올마저도 그들의 소유로 만들지 못했습니다. 그래서 그들은 다섯 명의 용사를 선발하여 점령할 만한 땅이 있는지 정찰해 오도록 하였습니다. 단 지파에게 선발된 다섯 명의 용사들이 에브라임 산지로 들어갔는데 그들은 그곳 누구의 집에서 유숙하게 되었나요?

답: (18:2) ____________________

문7. 그들이 그곳에서 레위 소년의 목소리를 듣고 그에게 물었습니다. "누가 너를 이리로 데려왔으며 너는 여기서 무엇을 하며 왜 여기 있느냐?" 그러자 그 소년이 미가가 자기에게 대접하여 제사장으로 고용한 일을 말하였습니다. 그때 그들이 그 제사장 소년에게 무엇을 부탁했나요?

답: (18:5) ____________________

문8. 그 제사장이 그들에게 뭐라고 했나요?

답: (18:6) ____________________

문9. 그래서 그 다섯 사람이 라이스로 갔습니다. 라이스는 이스라엘의 북방에 있는 국경 도시인데 '사자' 라는 뜻입니다. 신명기 33장 22절의 단에 대한 모세의 예언이 성취된 것입니다. 단의 용사 5명이 라이스에 가서 정탐해보니 그곳 사람들은 시돈 사람들처럼 한가하고 평화롭게 살고 있었습니다. 그들은 부족한 것이 없이 번영을 누리고 있었으며 시돈 사람들과도 멀리 떨어져 있어서 다른 민족과 별로 접촉이 없었습니다. 그들이 라이스를 정탐하고 소라와 에스다올로 돌아왔을 때 단 지파 사람들이, "너희가 본 땅은 어떠하더냐?" 라고 물었습니다. 그때 그들이 뭐라고 대답했나요?

답: (18:9-10) ____________________

문10. 그러자 단 지파 사람 600명이 무장을 하고 소라와 에스다올에서 출발하여 북쪽으로 올라가서 유다 기럇여아림 부근에 진을 쳤습니다. 단 지파가 진을 친 그곳은 기럇여아림 뒤에 있었는데 그곳 이름을 오늘날까지 뭐라고 한다고 하였나요?

답: (18:12) ______________________________

문11. 그들이 마하네단을 떠나 에브라임 산간 지대로 올라가서 미가의 집에 이르렀습니다. 그때 전에 라이스 땅을 정찰하러 갔던 그 다섯 사람이 함께 간 사람들에게 말했습니다. "이 집에 에봇과 드라빔과 새긴 신상과 부어 만든 신상이 있는 것을 알고 있느냐? 그러니 이제 너희는 어떻게 할 것인가를 생각하라." 그리고서 미가이 신당에 들어가서 신상 두 개와 에봇과 드라빔을 가지고 나왔습니다. 그러자 무장한 단 지파 600명과 함께 문 앞에 서 있던 제사장이 뭐하는 짓이냐고 물었습니다. 그들이 그에게 이르되 "잠잠하고 네 손을 입에 대라. 너는 우리와 함께 가서 우리의 자문관과 제사장이 되라. 네가 한 사람 집의 제사장이 되는 것과 이스라엘 한 지파의 제사장이 되는 것 중 어느 것이 낫겠느냐?" 하였습니다. 그 말을 들은 제사장은 어떤 태도를 취하였나요?

답: (18:20) ______________________________

문12. 그들은 거기서 발길을 돌려 그들의 자녀와 가축과 그들의 소유물을 앞으로 세우고 다시 진행하였습니다. 그들이 미가의 집을 멀리 떠나왔을 때 미가가 자기 이웃집 사람들을 데리고 단 지파 사람들을 뒤쫓으며 멈추라고 소리를 질렀습니다. 그러자 단 지파 사람들이 돌아보며 미가에게 "네가 무슨 일로 이 같이 사람들을 모아서 우리를 뒤쫓아 왔느냐?" 하니, 미가는 "너희가 내가 만든 신들과 제사장을 데리고 가면서 어떻게 나에게 무슨 일이냐고 하느냐?" 하였습니다. 단 자손이 미가에게 "더는 말하지 말라. 그렇지 않으면 우리 가운데 네 말을 듣고 화를 내는 사람이 너와 네 모든 가족들을 죽일지도 모른다" 고 말했습니다. 그리고 단 자손은 계속해서 자기 길을 갔습니다. 그래서 미가는 어찌하였나요?

답: (18:26) ____________________

문13. 단 지파 사람들은 미가가 만든 우상을 가지고 제사장과 함께 라이스로 가서 한가하고 평화롭게 사는 그곳 백성들을 쳐 죽이고 그들의 성을 불질렀습니다. 그 성은 시돈에서 멀리 떨어진 베드르홉 가까운 골짜기에 위치하고 있어서 다른 족속과 접촉하는 일이 없었기 때문에 단 지파의 공격으로부터 그들을 구해줄 자가 아무도 없었습니다. 단 지파 사람들은 그 성을 재건하고 그곳에 정착하였습니다. 그리고 그들은 라이스라는 그 성 이름을 그들의 지파 이름으로 바꿔 불렀습니다. 그들이 바꿔 부른 그 성 이름은 무엇인가요?

답: (18:29) ____________________

문14. 단 지파 사람들은 자기들을 위해 그 새긴 신상들을 세웠고 모세의 손자 게르손의 아들 요나단과 그 자손은 단 지파의 제사장이 되어 이 백성들이 사로잡히는 날까지 그들의 제사장이 되었다 하였습니다. 그렇다면 단 지파에서 제사장이 된 사람은 누구인가요?

답: ____________________

문15. '하나님의 집이 실로에 있는 동안 미가가 만든 신상들이 단 자손에게 있었다' 함은 무엇을 알게 하는 말씀인가요?

답: ____________________

• 문답으로 기억되는 성경 22회

사사기 19–21장

문1. 이스라엘에 왕이 없을 당시 에브라임 산간 지대 외진 곳에 살고 있던 한 레위인이 유다 베들레헴에서 한 여자를 데려와 자기 첩으로 삼았으나 그 첩이 행음을 하고 남편을 떠나 유다 베들레헴 그 아비 집으로 돌아가서 거기서 넉 달 동안 있었습니다. 그 남편이 그 여자에게 다정히 말하여 그를 다시 데려오려고 자기 종과 함께 나귀 두 마리를 끌고 여자에게 갔습니다. 그 여자가 그를 인도하여 아비의 집에 들어가니 그 여자의 아비가 그를 보고 환영하였습니다. 장인이 그에게 며칠 쉬어가라고 권하므로 삼 일 동안 그곳에 머물러 먹고 마시며 있다가 나흘째 되는 날 아침 일찍 일어나 떠나려고 하자 그의 장인이 무엇을 좀 먹은 후 떠나라고 만류하여 앉아서 먹고 마셨는데 그의 장인이 하루 더 있으면서 편히 먹고 쉬다가 내일 떠나라고 하는 간청에 못 이겨 할 수 없이 하루를 더 있게 되었습니다. 다섯째 되는 날 아침 일찍이 일어나 떠나고자 하였는데 장인이 또 만류하며 기운을 좀 차리고 오후까지 있다가 떠나라고 또 권하였습니다. 그래서 장인과 함께 먹고 마시고 오후가 되어 그 첩과 종을 데리고 떠나려하자 장인이 다시 간청하며 권하였습니다. "여보게, 해가 저물어 가는데 오늘밤도 여기서 지내고 내일 아침 일찍 출발하게." 그러나 그 레위인은 하룻밤 더 머무는 것을 거절하고 첩을 나귀에 태우고 종과 함께 여부스 곧 예루살렘 쪽을 향해 떠났습니다. 그들이 여부스 가까이 왔을 때 해가 지려 했습니다. 종이 주인인 그에게 "여부스 사람의 이 성읍에 들어가서 하룻밤 유숙하시는 게 좋지 않을까요?" 하자, 레위 사람인 그가 뭐라고 대답하였나요?

답: (19:12–13) ______________________________

____

문2. 그들은 계속 길을 가다가 베냐민 지파의 땅인 기브아에 가까이 갔을 때 해가 졌습니다. 그래서 기브아에 가서 유숙하려고 그 성으로 들어가서 성읍 거리에 앉았으나 그들을 집으로 영접하여 유숙케 하려는 사람이 아무도 없었습니다. 당시 이스라엘 자손은 길을 가던 나그네가 성읍 거리에 앉아 있으면 나그네를 영접하는 것이 모세의 가르침이요, 율례였습니다. 해가 이미 저물었을 때 한 노인이 밭에서 일을 마치고 집으로 돌아오고 있었습니다. 그 노인은 본래 에브라임 산지 사람인데 지금은 기브아에 우거하게 된 사람이었습니다. 그러나 기브아에 사는 모든 사람은 다 베냐민 지파 사람들이었습니다. 노인이 성읍 거리에 나그네가 있는 것을 보고 그들에게 가서 물었습니다. "그대는 어디서 왔으며 어디로 가는 사람입니까?" "우리는 에브라임 산간 지대 외진 곳에 사는 사람인데 유다 베들레헴에 갔다가 집으로 돌아가는 중입니다. 그런데 우리를 영접해 주는 사람이 없습니다. 우리에게는 나귀들의 먹이도 충분히 있고 우리가 먹을 음식과 필요한 것들이 다 있습니다." 그러자 노인은 그 레위인에게 뭐라고 말하고 어떻게 행하였나요?

답: (19:20-21) ______________________________

____

문3. 그들이 마음을 즐겁게 할 때에 그 성읍의 비류(건달, 깡패, 도둑의 무리)들이 몰려와 그 집을 에워싸고 문을 두들기며 말하기를 "네 집에 들어온 사람을 끌어내라. 우리가 그를 상관하리라. 집주인인 노인이 그 사람들에게 나와서 이런 짓하면 안 된다. 내 형제들아 부탁한다. 악을 행하지 말라. 이들은 내 집에 온 나그네들이니 그들에게 이런 망령된 일을 행치 말라. 보라 여기 내 처녀 딸과 이 사람의 첩이 있으니 내가 그들을 너희에게 내어 주겠다. 그러니 이 사람에게는 그런 악한 짓을 하지 말라" 하였습니다. 그러나 무리는 듣지 않았습니다. 그래서 그 레위인은 자기 첩을 무리가 있는 밖으로 밀어내주었습니다. 그러자 그들은 밤새도록 그 여인을 욕보이다가 새벽 미명에 놓아주었습니다. 동틀 무렵 그 여인이 자기 남편이 머물고 있는 그 노인의 집 문 앞에 와서 쓰러졌는데 날이 밝을 때까지 그대로 있었습니다. 그 여자의 남편이 아침에 일어나 떠나려고 문을 열고 나왔을 때 자기 첩이 문지방에 두 손을 뻗은 채 쓰러져 있는 것을 보았습니다. 그는 죽은 여인의 시체를 나귀에 싣고 자기 집으로 갔습니다. 그가 자기 집에 도착하여 자기 첩의 시체를 어떻게 하였나요?

답: (19:29) ____________________________________

문4. 그러자 그 시체 토막을 받아 본 이스라엘 백성들이 무슨 말을 하였나요?

답: (19:30) ____________________________________

문5. 이스라엘 모든 백성이 단에서 브엘세바까지와 길르앗 땅에서 일제히 미스바로 나와 여호와 앞에 모였습니다. 이스라엘 각 지파의 지도자들도 하나님 백성의 총회에 섰고 칼을 가진 보병은 사십 만이었는데 이때 베냐민 사람들은 모든 이스라엘 사람들이 미스바에 모였다는 말을 들었습니다. 미스바에 모인 사람들이 "여자의 시체를 열두 토막을 내어 이스라엘 열두 지파에게 보낸 끔찍한 일이 왜 일어났는지 우리에게 고하라" 하니 레위 사람인 그가 "첩과 더불어 하룻밤 유숙하려고 베냐민 사람의 땅인 기브아로 갔는데 그날 밤 기브아 사람들이 내가 유숙한 집을 둘러싸고 나를 죽이려 하고 내 첩을 욕 보여서 그로 죽게 한지라. 이스라엘에서 일어난 이 더럽고 추한 짓을 이스라엘 열두 지파에게 알리려고 그렇게 한 것이요. 이제 이 일을 어떻게 처리할 것인지 여러분의 의견과 방책을 말해보라" 고 했습니다. 그러자 미스바에 모인 모든 이스라엘 사람들의 의견이 무엇이었나요?

답: (20:11) ____________________________________

문6. 이스라엘 지파들이 베냐민 지파 전역에 사람 보내어 말하였습니다. "너희 중에 있는 그 악한 비류들을 우리 손에 넘겨주어 우리가 그를 죽여 이스라엘 중에 다시는 이런 일이 없도록 악을 제하여 버리게 하라." 그 말을 들은 베냐민 사람들의 반응은 어떠했나요?

답: (20:13-14) ________________________________

문7. 그때 기브아로 모인 베냐민 지파의 수는 얼마였나요?

답: (20:15) ________________________________

문8. 이스라엘 자손이 벧엘에 올라가서 하나님께 물었습니다. "우리 중에 누가 먼저 올라가서 베냐민 자손과 싸워야 합니까?" 여호와께서 "유다가 먼저 올라가라" 하셨습니다. 그래서 다음날 아침 이스라엘 군이 기브아 주변에 진을 치고 베냐민과 싸웠는데 그 날 베냐민 군이 이스라엘군 이만 이천을 죽였습니다. 그 다음날 이스라엘 군이 용기를 내어 다시 전열을 갖추고 싸우려 나갔으나 또다시 칼 쓰는 자 일만 팔천 명이 죽었습니다. 그러자 이스라엘 모든 백성이 벧엘에 올라가서 여호와 앞에 앉아 울며 금식하고 번제와 화목제를 여호와 앞에 드리고 다시 여호와께 물었습니다. 그때 당시 ① 하나님의 법궤가 어디 있었으며 ② 이스라엘의 제사장은 누구였나요?

답: (20:27-28) ① ____________________________

② ____________________________

문9. 이스라엘 자손이 여호와께 물었습니다. "우리가 다시 나가 우리 형제 베냐민 자손과 싸우리이까, 말리이까?" 여호와께서 뭐라고 대답하셨나요?

답: (20:28) ____

문10. 이스라엘은 기브아 사면에 군사를 매복하고 삼 일째에 다시 나가 전번과 같이 항오를 벌리고 전투태세를 취하였습니다. 그러자 베냐민 사람들이 성에서 나와 그들과 맞서 싸웠는데 유인작전에 말려들어 기브아 성에서 점점 멀리 떠났습니다. 그들은 전과 같이 벧엘로 올라가는 길과 기브아의 들로 가는 길을 따라가면서 이스라엘 군사를 치기 시작하여 30명 정도를 죽이고는 이스라엘 군이 전과 같이 자기들 앞에서 패하여 도망한다고 생각하였습니다. 이스라엘 군의 주력부대가 바알다말까지 후퇴하며 저들을 큰 길로 꾀어내었습니다. 그리고는 다시 반격태세를 취하였고 기브아 성 주변에 매복하고 있던 이스라엘 군이 일제히 뛰어나왔습니다. 그때 일만의 이스라엘 정예병이 기브아를 공격하자 치열한 전투가 벌어졌습니다. 그때까지도 베냐민 사람들은 자기들이 포위되어 위험에 처한 줄을 모르고 있었습니다. 여호와께서 이스라엘 앞에서 베냐민을 쳐서 패하게 하시므로 그날에 이스라엘 군이 칼을 쓰는 베냐민 사람 몇 명을 쳐 죽였나요?

답: (20:35) ____

문11. 그제서야 베냐민 사람들은 자기들이 패한 것을 알고 베냐민 사람 600명이 광야로 도망하여 림몬 바위에 숨어서 넉 달 동안이나 거기서 지냈습니다. 이스라엘 사람들이 베냐민 자손에게로 돌아와서 어떻게 하였나요?

답: (20:48) ____

문12. 이스라엘 사람들이 미스바에 모여 누구든지 베냐민 사람에게는 자기 딸을 아내로 주지 않기로 맹세하였습니다. 그리고서 그 백성들은 벧엘로 올라가서 저녁까지 하나님 앞에 앉아서 대성통곡하며 말하기를 "이스라엘의 하나님 여호와여, 오늘날 이스라엘 중에 어찌하여 한 지파가 이지러졌나이까" 하더니, 다음날 아침 일찍이 일어나 벧엘에서 무엇을 하였나요?

답: (21:4) ________________________________

문13. 이스라엘 사람들이 서로 묻기를 "이스라엘 모든 지파 중에 총회와 함께하여 여호와 앞에 모이지 않은 자가 누구냐" 한 것은 그들이 미스바에 와서 여호와 앞에 모이지 아니하는 자는 반드시 죽이자고 크게 맹세하였기 때문이었습니다. 그런데 그 백성 중 미스바 총회에 한 사람도 참예하지 않은 사람들이 있었습니다. 그들은 어디에 사는 사람들이었나요?

답: (21:9) ________________________________

문14. 이스라엘 회중이 큰 용사 일만 이천 명을 야베스 길르앗으로 보내며 그들에게 명령하였습니다. "너희는 가서 야베스 길르앗 거민과 부녀와 어린아이를 칼로 쳐 죽여라. 남자와 부녀들은 다 진멸하되 다만 그곳의 젊은 처녀들은 죽이지 말고 데려오라." 그래서 그들이 야베스 길르앗의 거민들을 다 죽이고 젊은 처녀들을 가나안 땅 실로의 진으로 끌고 왔습니다. 그때 끌려온 젊은 처녀들이 몇 명이었나요?

답: (21:12) ________________________________

문15. 이스라엘 백성들이 베냐민 지파가 끊어지게 된 것을 뉘우치며, 림몬 바위에 숨어 있는 베냐민 자손에게 사람을 보내어 평화를 선포케 하니 베냐민 사람들이 자기들의 성으로 돌아왔습니다. 그래서 이스라엘 사람들은 길르앗 야베스에서 데려온 400명의 처녀들을 그들에게 주어 아내로 삼게 하였습니다. 이스라엘 사람들이 길르앗 야베스에서 끌고 온 400명의 젊은 처녀들을 베냐민 사람에게 준 이유가 무엇인가요?

답: (21:17) ______________________________

문16. 길르앗 야베스에서 데려온 처녀 400명을 베냐민 자손에게 주었으나 그래도 그들에게 여자가 부족하였습니다. 하지만 이스라엘 사람들은 누구도 자기 딸을 그들에게 아내로 줄 수 없었습니다. 그 이유가 무엇이었나요?

답: ______________________________

문17. 이스라엘 회중 장로들이 베냐민의 그 남은 자들에게 어떻게 하여야 아내를 얻게 할 수 있을지 생각하다가 한 사람이 그 남은 자들에게 아내를 얻게 할 방책을 말하였습니다. "실로에서 매년 지키는 여호와의 절기가 곧 돌아오지 않는가?" 실로는 벧엘에서 세겜으로 가는 큰 길 동쪽에 위치한 곳입니다. 베냐민 사람들에게 아내를 구할 방책은 무엇이었나요?

답: (21:20-21) ______________________________

문18. "만일 그 아비나 형제가 와서 우리에게 항의하면, 베냐민에게 아량을 베풀어라 너희가 직접 너희 딸을 그들에게 준 것이 아니므로 너희에게는 죄가 없다 할 것이다." 하여 베냐민 자손이 어찌하였나요?

답: (21:23) ______________________________

문19. '당시 이스라엘에 왕이 없었으므로 사람마다 자기 생각에 좋을 대로 하였다' 고 하였습니다. 이 구절은 당시 왕이 없던 사사시대의 형편이 무법천지였음을 알 수 있으며, 가나안 땅에 들어가 살던 이스라엘 백성들의 타락한 형편을 알게 하는 말씀입니다. 당시 왕이 없던 이스라엘의 형편을 우리 마음에 대입하여 생각해 볼 수 있습니다. 우리 마음에 왕이 없으므로 내 생각에 좋을 대로 산다면 우리 마음 역시 무법천지가 되고 우상숭배로 타락하지 않을까요? 우리 마음이 가나안 땅에 살던 이스라엘 백성 같이 되지 않기 위해서 가장 필요한 대책은 무엇일까요? 그것을 써 주세요.

답: ______________________________

“ 문답으로 기억되는 성경 ”

– 룻기 –

문제

• 문답으로 기억되는 성경 23회

룻기 1-2장

문1. 사사들이 이스라엘을 다스리던 시대에 그 땅에 흉년이 들었습니다. 그런데 유대 베들레헴 에브랏에 살던 엘리멜렉이란 사람이 그 아내와 두 아들을 데리고 고향인 베들레헴을 떠나 모압 지방에 가서 살게 되었습니다. 엘리멜렉의 아내의 이름은 무엇이며 그 아들의 이름은 무엇인가요?

답: ① 엘리멜렉의 아내 이름: ______________________

② 두 아들의 이름: ______________________

문2. 모압 지방에 들어가서 살던 엘리멜렉이 죽고 그의 아내 나오미와 두 아들 말론과 기룐만 남아 두 아들이 모압 여자와 결혼하였는데 말론의 아내 이름은 오르바요, 기룐의 아내 이름은 룻이었습니다. 그곳에서 거한 지 얼마 있다가 나오미의 두 아들 말론과 기룐마저 죽고 나오미는 홀로 남게 되었습니다. 모압 땅에 거한 지 몇 년 쯤 되었을 때 그 두 아들이 죽었나요?

답: ______________________________

문3. 그로부터 얼마 후에 나오미는 여호와께서 자기 백성을 돌아보사 복을 주시어 고향 베들레헴에 풍년이 들게 하셨다는 소식을 듣고 두 며느리와 함께 일어나 모압 땅을 떠나 유대 땅 베들레헴으로 돌아가려 하였습니다. 그들이 유대 땅으로 행하던 도중에 나오미가 두 며느리에게 말하였습니다. "너희는 모두 친정으로 돌아가거라. 너희는 죽은 남편과 나를 정성껏 섬겼다. 그러므로 여호와께서 너희가 행한 대로 갚아 주시기를 원한다. 또 너희가 너희 고향으로 돌아가 재혼하여 행복한 가정을 이루도록 여호와께서 축복해 주시기를 원한다." 그리고서 나오미가 두 며느리에게 입을 맞추고 작별하려 하자 그들은 큰 소리로 울며 시어머니인 나오미에게 뭐라고 하였나요?

답: ______________________________

문4. 그러나 나오미는 두 며느리에게 말하였습니다. "내 딸들아 돌아가거라. 너희가 어찌 나와 함께 가려느냐. 나의 태중에 너희 남편 될 아들들이 있느냐. 내 딸들아, 돌이켜 너희 길을 가라. 너희가 어떻게 남편 없이 살 수 있겠느냐. 내 딸들아, 그럴 수 없다. 여호와의 손이 나를 치셨으므로 나는 너희로 인하여 더욱 마음이 아프구나." 그러자 그들이 소리 높여 다시 울더니 오르바는 그 시모인 나오미에게 입 맞추고 친정으로 돌아갔으나 룻은 계속 시어머니 곁을 떠나지 않았습니다. 그래서 나오미는 "얘야, 너희 동서는 자기 백성과 그 신에게 돌아갔으니 너도 동서를 따라 돌아가라" 했습니다. 그때 룻이 나오미에게 뭐라고 하였나요?

답: (1:16) ______________________________

____

____

문5. 나오미는 룻이 자기와 함께 가기로 굳게 결심함을 보고 더는 그에게 말할 수가 없었습니다. 그래서 두 사람은 함께 베들레헴으로 향하였습니다. 그들이 베들레헴에 이르렀을 때에 온 성이 그들을 인하여 떠들며 말하였습니다. "나오미가 아니냐?" 하였을 때 나오미의 대답은 무엇이었나요?

답: (1:20) ______________________

문6. 나오미가 모압 지방에서 그 자부와 함께 돌아왔을 때 베들레헴은 무엇을 시작할 때였나요?

답: ______________________

문7. 나오미에게는 친척 한 사람이 있는데 그는 엘리멜렉의 집안에 속한 유력한 사람이었습니다. 그 사람의 이름은 무엇인가요?

답: ______________________

문8. 하루는 룻이 나오미에게 말하였습니다. "제가 밭에 가서 이삭을 줍게 해주세요. 혹시 은혜를 베풀어 주는 사람이라도 만나면 제가 그를 따라 다니며 이삭을 줍겠습니다." 그러자 나오미가 대답했습니다. "내 딸아 가거라." 룻은 밭으로 나가 보리 베는 일꾼들을 따라다니면서 이삭을 줍고 있었는데 우연히 어떤 사람의 밭에서 줍게 되었나요?

답: ______________________

문9. 그때 마침 보아스가 베들레헴에서 와서 일꾼들에게 여호와께서 너희와 함께 하시기를 바란다며 인사하자 그들도 여호와께서 당신에게 복주시기를 원한다고 대답하였습니다. 그리고서 보아스는 일꾼들을 감독하는 사환에게 물었습니다. "저 젊은 여자는 누구냐?" 사환이 "그는 나오미와 함께 모압 땅에서 온 사람인데 그가 일꾼들을 따라 다니며 이삭을 줍게 해 달라고 부탁하기에 허락하였더니 아침부터 와서 지금까지 계속 이삭을 줍다가 지금은 잠시 쉬고 있는 중입니다"라고 대답하자, 보아스가 룻에게 가서 뭐라고 하였나요?

답: (2:8) ________________________________

____

문10. 그러자 룻이 보아스에게 뭐라고 하였나요?

답: (2:10) ________________________________

문11. 보아스가 룻에게 대답하였습니다. "네 남편이 죽은 후로 네가 시모에게 행한 모든 것과 네 부모와 고국을 떠나 너의 알지 못하던 백성에게로 온 일이 내게 분명히 들렸느니라. 여호와께서 네가 행한 일에 보응하시기를 원하며 이스라엘의 하나님 여호와께서 그 날개 아래 보호를 받으러 온 네게 온전한 상 주시기를 원한다." 그 말을 들은 룻이 보아스에게 무슨 말을 하였나요?

답: (2:13) ________________________________

문12. 식사할 때에 보아스가 룻에게 이르되 함께 먹자고 권하였습니다. 그래서 룻은 보아스의 일꾼들과 함께 앉아 보아스가 주는 음식을 마음껏 먹었습니다. 식사를 끝내고 룻이 이삭을 주으러 떠나자 보아스가 일꾼에게 명령하였습니다. "그로 곡식 단 사이에서 줍게 하고 조금도 나무라지 말며 가끔 곡식 단에서 조금씩 뽑아 그로 줍게 하고 아무에게도 말하지 말아라." 이렇게 해서 룻은 저녁때까지 밭에서 이삭을 주웠는데, 그 주운 것을 떨어보니 보리가 얼마나 되었나요?

답: (2:17) ______________________________

문13. 룻은 그것을 가지고 성으로 들어가 시모에게 보이고 또 싸가지고 온 먹다 남은 음식도 내어 놓았습니다. 그러자 시모가 물었습니다. "오늘 어디서 이삭을 주웠는데 이렇게 많이 주웠느냐?" 그래서 룻은 시모에게 모든 일을 다 말하고 그 밭의 주인이 보아스라는 것도 말해 주었습니다. 그러자 나오미는 "여호와의 복이 그에게 있기를 원한다. 그가 살아 있는 자나 죽은 자에게나 은혜 베풀기를 그치지 아니하는구나" 라고 말했습니다. 그리고 나오미는 룻에게 보아스에 대하여 또 무슨 말을 하였나요?

답: (2:20) ______________________________

문14. 모압 여인 룻이 시모에게 말하였습니다. "그가 또 내게 말하기를 '내 추수를 다 마치기까지 너는 내 일꾼들 곁에서 이삭을 주우라' 고 말하였습니다." 그러자 시모가 그게 좋겠다며, 그의 말대로 다른 밭에 가지 말고 그 밭에서 일하는 여자들을 따라 다니며 이삭을 주우라고 하였습니다. 그리고 다른 밭에서 다른 남자를 만나지 않는 것이 좋을 것 같다고 말해주었습니다. 그 말을 듣고 룻은 어떻게 하였나요?

답: (2:23) ______________________________

룻기 3-4장

문1. 어느 날 나오미가 룻에게 말하였습니다. "내 딸아 내가 너를 위하여 안식할 곳을 구하여 너로 복되게 하여야 하지 않겠느냐." 나오미가 며느리 룻을 위하여 안식할 곳을 구하여 복되게 해 준다는 말은 무슨 뜻인가요?

답: ______________________________

문2. " 네가 함께하던 시녀들을 둔 보아스는 우리의 친족이 아니냐 그가 오늘 밤에 타작마당에서 보리를 까불리라." 나오미가 룻에게 한 이 말 가운데서 특히 '친족' 이란 말은 어떤 뜻을 가진 말인가요?

답: ______________________________

문3. 나오미는 룻에게 말하였습니다. "보아스가 오늘밤에 타작마당에서 보리를 키질할 것이다. 그가 키질을 다 마치고 누울 때에, 그 눕는 곳을 알아 놓았다가, 그 곳에 들어가서 그 발치 이불을 들고 거기 누우라." 나오미는 룻이 보아스에게 갈 때 세 가지를 준비해 가도록 지시하였습니다. 그 세 가지가 무엇인가요?

답: ______________________________

문4. 룻이 시모인 나오미에게, 어머니의 말씀대로 다 행하겠다고 하였습니다. 보아스가 먹고 마시고 즐거운 마음으로 노적가리 곁에 누웠을 때 룻은 가만히 가서 보아스의 발치 이불을 들고 거기 누웠습니다. 밤중에 보아스가 몸을 돌이켰는데 어떤 여자가 자기 발치에 있는 것을 보고 놀라서 물었습니다. "너는 누구냐?" 그러자 룻이 대답하였습니다. "나는 당신의 시녀 룻이오니 당신의 옷자락으로 시녀를 덮으소서." 그리고 또 무슨 말을 하였나요?

답: (3:9) ________________________________

문5. 룻의 말을 들은 보아스가 룻에게 말하였습니다. "내 딸아 여호와께서 네게 복 주시기를 원하노라. 네가 빈부를 물론하고 연소한 자를 좇지 아니하였으니 너의 베푼 인애가 처음보다 나중이 더하도다." 보아스가 룻에게 '너의 베푼 인애' 라 말하였는데 룻이 베푼 인애란 무엇을 뜻한 말인가요?

답: ________________________________

문6. "내 딸아 두려워 말라. 내가 네 말대로 다 행하리라. 네가 현숙한 여자인 줄 나의 성읍 백성이 다 아느니라." 보아스는 룻을 '현숙한 여자' 로 베들레헴 성 주민들이 다 안다고 하였습니다. 현숙한 여자는 고난 받는 사람을 외면치 아니하고, 부지런히 집안 일을 하여 게으른 양식을 먹지 아니하며, 세상 영화나 세상 부귀에 현혹되지 않고 오직 여호와를 경외하는 능력 있는 여자라 하였습니다. 구약 성경 잠언에 "누가 현숙한 여인을 찾아 얻겠느냐 그 값은 진주보다 더하니라" 하였습니다. 이 말씀은 잠언 몇 장 몇 절의 말씀인가요?

답: ________________________________

문7. 보아스는 룻에게 또 이렇게 말하였습니다. "내가 너의 기업을 이어줄 책임을 가진 근족임에는 틀림없는 사실이네. 그러나 나보다 더 가까운 친족이 있으니 그에게 말해 본 후 그가 너에 대한 기업의 의무를 이행한다면 그렇게 하게 할 것이나 만일 그가 거절한다면 내가 기업 무를 자의 책임을 네게 행할 것이다. 그러니 너는 여기 누웠다가 누구도 네가 이 타작마당에 들어온 것이 발각되지 않도록 새벽에 나가야 할 것이니라." 그리고 룻의 겉옷에다가 됫박으로 보리를 부어 주었습니다. 보아스는 룻의 겉옷에 됫박으로 보리를 몇 번 부어 주었는가요?

답: ______________________________

문8. 룻은 보아스가 준 보리를 이고 성으로 들어가 그 밤에 있었던 일들을 시모인 나오미에게 다 말하였습니다. 그 말을 다 들은 나오미는 룻에게 "내 딸아, 그 사람이 오늘날 이 일을 성취하기 전에는 쉬지 아니하리라" 고 말하였습니다. 이것은 나오미가 보아스의 인격을 잘 알고 있기 때문에 그렇게 믿은 것입니다. 나오미는 보아스가 이 일을 어떻게 처리할 것이라 믿은 것일까요? 셋으로 나누어 대답해 주세요.

답: ① ______________________________

② ______________________________

③ ______________________________

문9. 보아스가 성문에 올라가서 거기 앉았는데 마침 보아스가 말하던 기업 무를 자가 지나가고 있었습니다. 보아스가 그에게 말하길 "아무여 이리로 와서 앉으라" 하므로 그가 와서 앉으니 보아스가 성읍 장로들을 청하여 그들이 듣는 데서 그 기업 무를 자에게 말하였습니다. "모압 지방에서 돌아온 나오미가 우리 형제 엘리멜렉의 소유지를 관할하므로 내가 여기 앉은 자들과 내 백성의 장로들 앞에서 그것을 사라고 네게 고하여 알게 하려 하였노라. 네가 그 기업을 물려받으려면 물려받을 수 있지만, 물려 받지 않으려면 내게 말하여 알게 하라. 네 다음은 나요 그 외에는 물려받을 자가 없느니라" 하였습니다. ① 그 말을 들은 그 기업 무를 사람이 뭐라고 대답했나요? ② 그때 그곳에 청하여 입회한 성읍 장로들은 몇 사람이었나요?

답: ① ____

② ____

문10. 보아스가 기업을 물려받겠다고 한 사람에게 말하기를, "네가 나오미의 손에서 그 밭을 사는 날에 곧 죽은 자의 아내 모압 여인 룻에게서 사서 그 죽은 자의 기업을 그 이름으로 잇게 하여야 할 것이다"라고 하였습니다. 그랬더니 그 기업 무를 자가 말하기를 "그렇다면, 나는 내 기업에 손해가 있을 것 같아 그 기업을 물려받지 않겠다. 그러니 내 권리를 네가 취하라. 나는 그 기업을 물려받지 않겠다" 고 하였습니다. 옛적 이스라엘 중에 모든 것을 물려받거나 교환하는 일을 확정하기 위하여 사람이 그 이웃에게 무엇인가를 주어 이스라엘의 증명하는 전례가 있었는데 그것이 무엇이었나요?

답: ____

문11. 기업 물려받을 자가 신을 벗어 보아스에게 주자, 보아스가 그곳에 입회한 장로들과 모든 백성에게 말하기를, "내가 엘리멜렉과 기룐과 말론에게 있던 모든 것을 나오미의 손에서 산 일에 너희가 오늘날 증인이 되었고 또 말론의 아내 모압 여인 룻을 사서 나의 아내로 취하고 그 죽은 자의 기업을 그 이름으로 잇게 하여 그 이름이 그 형제 중과 그곳 성문에서 끊어지지 않게 함에 너희가 오늘날 증인이 되었느니라" 하였습니다. 그 말을 들은 성문에 있는 모든 백성과 장로들이 뭐라고 대답했나요?

답: (4:11) ____

____

____

문12. 이에 보아스가 룻을 취하여 아내를 삼고 그와 동침하였더니 여호와께서 그로 잉태케 하시므로 아들을 낳았습니다. 여인들이 나오미에게 말했습니다. "찬송할지로다 여호와께서 오늘날 네게 기업 무를 자를 주셨도다. 이 아이의 이름이 이스라엘 중에 유명하게 되기를 원하노라. 이는 네 생명의 회복자며 네 노년의 봉양자라. 곧 너를 사랑하며 일곱 아들보다 귀한 자부가 낳은 자로다." 나오미가 아기를 받아 품에 품고 그의 양육자가 되니, 그 이웃 여인들이 그에게 이름을 주었는데 '나오미가 아들을 낳았다' 하여 지어준 그 이름이 무엇이었나요?

답: ____

문13. 오벳은 누구를 낳았나요?

답: ____

문14. 이새는 누구의 아비인가요?

답: ____

문15. 베레스의 계보를 말하자면 헤스론, 람, 암미나답, 나손, 살몬, 보아스, 오벳, 이새, 다윗으로 이어집니다. 베레스부터 다윗까지 몇 대인가요?

답: ______________________________

문16. 베레스부터 다윗까지의 10대 계보 가운데 두 정탐꾼을 숨겨준 기생 라합의 남편된 사람이 있었습니다. ① 그 사람의 이름은 무엇이며 ② 그에게서 나온 사람의 이름은 무엇인가요?

답: ① ______________________________

② ______________________________

문17. 보아스는 다윗의 무엇이 되나요?

답: ______________________________

" 문답으로 기억되는 성경 "

답안

1회 답안 여호수아(1-2장)

1. 여호와께서 모세의 시종 눈의 아들 여호수아에게
2. 곧 광야와 이 레바론에서부터 큰 하수 유브라데에 이르는 헷 족속의 온 땅과 또 해 지는 편 대해까지가 너희 지경이라 하셨다.
3. 여호수아
4. 양식을 예비하라.
5. 르우벤 지파와 갓 지파와 므낫세 반 지파
6. ① 당신이 우리에게 명하신 것은 우리가 다 행할 것이요 당신이 우리를 보내시는 곳으로 우리가 가리이다.
   ② 우리는 범사에 모세를 청종한 것같이 당신을 청종하려니와 오직 당신의 하나님 여호와께서 모세와 함께 계신 것같이 당신과 함께 계시기를 원하나이다.
   ③ 누구든지 당신의 명령을 거역하며 당신의 시키시는 말씀을 청종치 아니하는 자 그는 죽임을 당하리니 오직 당신은 마음을 강하게 하시며 담대히 하소서.
7. 기생 라합
8. 그런 사람이 내 집에 온 것은 사실이지만 나는 그들이 어디서 왔는지 몰랐습니다. 그들은 날이 어두워 성문을 닫을 때쯤 되어 나갔는데 어디로 갔는지 모르겠습니다. 하지만 급히 따라가면 잡을 수 있을 것입니다.
9. 그들을 이끌고 지붕에 올라가서 그 지붕에 벌여 놓은 삼대에 숨겼다.
10. ① 네가 우리의 일을 누설치 아니하면 우리의 생명으로 너희를 대신이라도 할 것이요 여호와께서 이 땅을 주실 때에 인자하고 진실하게 너를 대우하리라.
    ② 우리를 달아내리운 창에 이 붉은 줄을 매고 네 부모와 형제와 네 아비의 가족을 다 네 집에 모으라.
11. 그 집이 성벽 위에 있었으므로 그들을 창에서 줄로 달아내렸다. 그리고 말하기를 "너희는 산으로 가서 사흘 동안 숨었다가 쫓는 자들이 돌아간 후에 갈 길을 가라" 하였다.
12. 붉은 줄을 창문에 매었다.
13. "진실로 여호와께서 그 온 땅을 우리 손에 붙이셨으므로 그 땅의 모든 거민이 우리 앞에서 간담이 녹더이다"라고 하였다.

2회 답안 여호수아(3-4장)

1. 약 2천 규빗(약 1 km)
2. 물이 그쳐서 심히 멀리 사르단에 가까운 아담 읍 변방에 일어나 쌓이고 아라바의 바다 염해로 향하여 흘러가는 물은 온전히 끊어지매 백성이 앞으로 건널 수 있었다.
3. 요단 강 가운데 마른 땅에 굳게 섰고 백성들이 완전히 건널 때까지 그곳에 서 있었다.
4. 여호와께서 이스라엘 자손들을 위하여 요단 강물을 멈추게 하신 것을 훗날 그들의 자손들에게 표징과 교훈을 삼기 위하여
5. 언약궤를 멘 제사장들의 발이 선 곳에 열두 돌을 세우게 하였다.
6. 약 4만 명
7. 여호수아가 제사장들에게 명하여 여호와의 언약궤를 멘 제사장들이 요단 강 가운데서 나와 발바닥이 육지를 밟는 동시에
8. 정월 10일
9. 길갈
10. 우리 앞에 홍해를 말리시고 건너게 하심과 같았다.
11. 이는 땅의 모든 백성으로 여호와의 손이 능하심을 알게 하며 너희로 너희 하나님 여호와를 영원토록 경외하게 하려 하심이다.

3회 답안 여호수아(5-6장)

1. 여호와께서 요단 강물을 말리시고 이스라엘 백성으로 그 강을 건너게 하셨음을 듣고
2. 부싯돌
3. 이스라엘 자손들이 여호와의 말씀을 불순종하므로 40년 동안 광야에서 다 죽을 때까지 방황하다가 그들의 대를 이은 후손들이 길에서는 할례를 행하지 못하였으므로 할례 없는 백성이 되었기 때문이다.

4. 길갈

5. 그 땅의 소산을 먹은 다음날에 만나가 그쳤고 이스라엘 사람들이 다시는 만나를 얻지 못하였다.

6. 네 발에서 신을 벗으라 네가 선 곳은 거룩하니라.

7. ① 모세가 자기 장인 이드로의 양무리를 칠 때
   ② 호렙 산 떨기나무 불꽃 가운데서
   ③ 모세에게

8. 매일 한 번씩

9. 일곱 번 돌며

10. 너희는 외치지 말며 아무 말도 입 밖에 내지 말라 기다렸다가 지시가 있을 때 외치라.

11. 엿새 동안

12. 기생 라합과 무릇 그 집에 동거하는 자는 살리라 이는 그가 우리의 보낸 사자를 숨겼음이니라.

13. 금, 은, 동, 철로 만든 기구

14. 여리고 성벽이 무너져 내렸다.

15. 이스라엘 진 부근으로 피신시켰다.

16. 그들 모두 이스라엘 백성과 함께 살게 되었다.

17. 라합은 살몬과 결혼하여 보아스를 낳았다.

18. 누구든지 이 여리고 성을 재건하려고 건축하는 자는 여호와 앞에서 저주를 받을 것이라. 기초를 쌓을 때 맏아들을 잃을 것이고 성문을 세울 때 막내아들을 잃으리라.

4회 답안 여호수아(7–8장)

1. 유다 지파에 속한 아간

2. 36명 정도

3. 일어나라 어찌하여 이렇게 엎드렸느냐 이스라엘이 범죄하여 내가 그들에게 명한 나의 언약을 어기었나니 곧 그들이 바친 물건을 취하고 도적하고 사기하여 자기 기구 가운데 두었느니라.

4. 스스로 성결케 하고

5. 유다 지파

6. ① 범인으로 뽑힌 집안: 세라 족속
   ② 범인으로 뽑힌 가족: 삽디 가족
   ③ 범인으로 뽑힌 자: 갈미의 아들인 아간
7. 내가 하나님 여호와께 범죄한 것이 사실입니다. 내가 시날 산(바벨로니아 제품)의 아름다운 외투 한 벌과 은 200세겔(2.3Kg)과 50세겔(570g)의 금덩어리 하나를 보고 탐이 나서 그것들을 가져와 내 장막 땅속에 감추었나이다.
8. 아골 골짜기
9. '네가 어찌하여 우리를 그처럼 괴롭게 하였느냐? 이제 여호와께서 너를 괴롭게 하시리라' 하고, 이스라엘 백성이 아간과 그 가족과 그의 모든 소유물을 돌로 치고 불살랐다.
10. 아골 골짜기라 부르시고 여호와께서 극렬한 분노를 그치셨다.
11. 여리고 성은 이스라엘 백성이 요단 강을 건넌 후 가나안 땅에서의 첫 전투였다. 그곳 전투에서 탈취한 모든 것은 첫 것, 처음 익은 열매, 곧 첫 열매에 해당하는 것이다. 이스라엘이 출애굽할 때 장자를 살려 주시고 말씀하시기를 첫 것은 다 내 것이라 하셨다. 그러므로 이 사건은 하나님의 백성이 된 모든 사람이 첫 열매는 하나님께 바쳐진 것임을 깨닫게 하시려는 하나님의 뜻이다.
12. 용사 3만 명
13. 네 단창을 들어 아이 성을 가리키라 내가 그 성을 너에게 주겠다.
14. 1만 2천 명
15. 여호와께서 여호수아에게 명하신 대로 이스라엘 백성들이 나누어 가졌다.
16. 다듬지 않은 자연석
17. 이것은 여호와의 종 모세가 이스라엘 백성에게 축복하라 명한 대로 하기 위함이었다.
18. 저주하는 말씀도 있었다.

5회 답안 여호수아(9-10장)

1. ① 헷 사람 ② 아모리 사람 ③ 가나안 사람 ④ 브리스 사람 ⑤ 히위 사람 ⑥ 여부스 사람
2. ① 마르고 곰팡이 난 떡 ② 낡고 찢어져서 기운 가죽부대 ③ 낡은 옷과 기운 신발

3. 3일

4. 나무 패며 물 긷는 자가 되게 하였다.

5. "하나님 여호와께서 그 종 모세에게 명하사 이 땅을 다 당신들에게 주고 이 땅 모든 거민들을 다 멸하라 하신 것이 당신의 종에게 분명히 들리므로, 우리 생명을 잃을까 심히 두려워서 이같이 하였나이다. 이제 우리는 당신의 손안에 있으니 당신이 좋을 대로 처리하십시오"라고 하였다.

6. 그들을 보호하고 죽이지 못하도록 하였다. 그리고 그들을 종으로 삼아 이스라엘 백성과 여호와의 단을 위해 나무를 패고 물을 긷게 하였다.

7. ① 헤브론 왕 호함 ② 야르뭇 왕 비람 ③ 라기스 왕 야비아 ④ 에글론 왕 드빌

8. 그들을 두려워하지 말라. 내가 이미 그들을 네 손에 넘겨주었으니 그들 중에 너를 당해낼 자가 한 사람도 없을 것이다.

9. 줄곧 하늘에서 큰 우박을 내려 죽이셨다.

10. 태양아, 기브온 위에 머물러라. 달아, 너도 아얄론 골짜기에 머물러라.

11. 전에도 없었고 후에도 없는 일이다.

12. 여호와께서 이스라엘을 위해 싸우셨기 때문이다.

13. 그들이 숨어 있던 굴에 던져 넣고 큰 돌로 입구를 막았다.

14. 립나 성

15. 이틀 만에

16. 헤브론

17. 왕과 백성을 하나도 남김없이 모조리 쳐 죽이는 것

18. 길갈

6회 답안 여호수아(11-12장)

1. 메롬 개천

2. 말 뒷발의 힘줄을 끊고 불로 그 병거를 사르라.

3. 귀중품과 가축

4. 기브온에 살고 있는 히위 족속

5. 아낙 자손

6. 전쟁

7. 르우벤 지파와 갓 지파와 므낫세 반 지파에게 주었다.

8. 31명

7회 답안 여호수아(13-15장)

1. ① 가사 ② 아스돗 ③ 아스글론 ④ 가드 ⑤ 에그론

2. 이스라엘 하나님 여호와께서 그 기업이 되었기 때문이다.

3. 제비 뽑는 방식으로

4. 헤브론

5. 세새와 아히만과 달매

6. 악사

7. 윗샘과 아랫샘

8. 여부스 사람

8회 답안 여호수아(16-18장)

1. 게셀

2. 말라, 노아, 호글라, 밀가, 디르사

3. 가나안 사람에게 강제로 일을 시키고 다 쫓아내지 아니하였다.

4. 가나안 사람이 비록 철병거를 가졌고 강할지라도 네가 능히 그를 쫓아내리라.

5. 모두 21명, 실로

6. 26개

7. 예루살렘
8. 여부스

9회 답안 여호수아(19-21장)

1. 베들레헴
2. 벧세메스
3. 레센
4. 에브라임 산간 지대에 있는 딤낫세라.
5. 실로의 회막 문 여호와 앞
6. 살인자는 회중의 앞에서 공개 재판을 받기까지나 당시 제사장이 죽기까지 도피성에 머물다가 그 후에 자기 집으로 돌아갈 수 있다 하였다.
7. 여섯 도피성으로 게데스, 세겜, 헤브론, 베셀, 길르앗 라못, 골란
8. 13개 성읍
9. 10개 성읍
10. 잇사갈 지파, 아셀 지파, 납달리 지파, 바산에 있는 므낫세 반 지파
11. 르우벤 지파, 갓 지파, 스불론 지파
12. 48개 성읍과 목초지
13. 이스라엘 열조에게
14. 아브라함과 이삭과 야곱

10회 답안 여호수아(22-23장)

1. 너희 하나님 여호와를 사랑하고 그 모든 길로 행하며 그 계명을 지켜 그에게 친근히 하고 너희의 마음을 다하며 성품을 다하여 그를 섬길지니라.
2. 가축, 은, 금, 동, 철, 많은 의복
3. ① 제사장 엘르아살의 아들
   ② 열 지파에서 각 한 명씩, 총 열 명
4. 발람이 이스라엘로 하여금 모압 신 브올 숭배에 참가하게 하고 모압 여인들과 음행케 하므로 하나님 여호와의 진노를 받아 이스라엘 백성 24,000명이 죽었던 사건이다.
5. 여리고 성을 정복한 후 여호와께 드린 첫 열매를 도적질한 아간의 죄 때문에 이스라엘이 아이 성 전투에서 패배한 사건
6. 그 말을 듣고 좋게 여겼다. 비느하스가 그들에게 '오늘날 여호와께서 우리 중에 계신 줄을 아노니, 여러분은 여호와를 거역한 것이 아니라 오히려 이스라엘 백성을 여호와의 형벌에서 구해낸 셈이 되었소' 라고 하였다.
7. '엣' 은 히브리어로 증거라는 뜻이다. 증거의 단.
8. '나는 나이 많아 늙었도다'라고 하였다.
9. 이스라엘을 위하여 싸우신 자이시다.
10. ① 아직 가나안 땅에 남아 있는 이방 민족에게 가지 말라.
    ② 그 신들의 이름을 부르거나 맹세하지 말라.
    ③ 또 그것을 섬기거나 그것에게 절하지 말라.
11. 한 사람이 적군 천 명 (일당 천)
12. ① 올무가 되며 ② 덫이 되며 ③ 옆구리에 채찍이 되며 ④ 눈엣가시가 되리라.
13. 여호수아 자신이 죽게 된다는 뜻이다.
14. 여호와께서 이스라엘에게 명하신 언약을 번하고 다른 신들을 섬기고 그것들에게 절하면 너희가 속히 망한다고 하였다.

11회 답안 여호수아(24장)

1. 세겜
2. 세일 산
3. ① 이스라엘 백성과 애굽의 군사 사이에 흑암이 있게 하셨다.
   ② 또 애굽의 병거와 마병을 바다로 끌어들여 바닷물로 덮어 그들을 몰살시켰다.
4. 브올의 아들 발람
5. 하나님께서 발람의 말을 들으려고 하지 않으셨기 때문에 발람이 오히려 이스라엘을 축복하였고 하나님 여호와께서는 발락의 손에서 이스라엘 자손을 구원하셨다.
6. ① 여리고 ② 아모리 ③ 브리스 ④ 가나안 ⑤ 헷 ⑥ 기르가스 ⑦ 히위 ⑧ 여부스
7. 왕벌을 보내어 공포심을 일으켜 패하게 하셨다.(현대인의 성경)
8. 우리가 여호와를 버리고 다른 신들을 섬기는 일은 결단코 없을 것입니다. 하나님 여호와는 애굽 땅 종 되었던 집에서 우리를 나오게 하시고 우리 목전에 큰 이적을 행하시고 그 많은 대적들에게서 우리를 보호하셨습니다. 그러므로 우리도 여호와를 섬기리니 여호와 그는 우리 하나님이십니다.
9. 아닙니다. 우리가 정녕 여호와를 섬기겠나이다.
10. 상수리나무
11. 110세
12. 세겜에 장사하였고, 그 땅은 야곱이 세겜의 아비 하몰의 자손에게 금 100개를 주고 산 땅이다.
13. 그 아들 비느하스가 유산으로 물려받은 땅 에브라임 산지에 장사하였다.

12회 답안 사사기(1장)

1. 일곱 번째 ① 창세기 ② 출애굽기 ③ 레위기 ④ 민수기 ⑤ 신명기 ⑥ 여호수아 ⑦ 사사기
2. 르우벤 지파, 갓 지파, 므낫세 동쪽 반 지파
3. 제사장직을 맡았기 때문에
4. 헤브론
5. 에브라임 산지의 실로
6. 여부스
7. ① 베냐민 지파 ② 시므온 지파 ③ 스불론 지파 ④ 잇사갈 지파 ⑤ 아셀 지파
   ⑥ 납달리 지파 ⑦ 단 지파
8. 유다 지파가 먼저 가라.
9. 시므온 지파
10. 우리가 분배 받은 땅으로 함께 가서 가나안 사람과 싸우자. 그러면 우리도 너희가 분배 받은 땅으로 가서 함께 싸우겠다.
11. 유다 지파와 함께 출전하였다.
12. 내가 옛적에 70명의 왕들을 잡아 그들의 엄지손가락과 엄지발가락을 자르고 내 상 아래서 찌꺼기를 주어서 먹게 하였는데 하나님이 이제 내가 한 그대로 갚으시는구나.
13. 그를 예루살렘으로 끌고 왔는데 결국 그를 거기서 죽였다.
14. 기럇아르바
15. 악사
16. 갈렙은 윗샘과 아랫샘을 딸에게 주었다.
17. 종려나무 성읍 여리고
18. 유다가 가나안 사람과 브리스 사람을 공격할 때에 겐 족속을 먼저 종려나무 성읍인 여리고로 피신시켰다. 그랬다가 유다 지파가 아람 남방의 새 땅으로 옮겨 갈 때에 그쪽으로 함께 옮겨 살게 한 것이다.
19. 이스라엘과 겐 족속의 관계는 아브라함과 멜기세덱의 관계 때부터 이어져 왔고 그 두 족속의 관계는 성경의 맥을 쥐고 있는 비밀한 관계다.
    ① 아브라함과 겐 족속(멜기세덱) ② 야곱과 겐 족속 ③ 모세와 겐 족속(이드로)
    ④ 요셉과 겐 족속(보디베라) ⑤ 사울과 겐 족속(기드온) ⑥ 다윗과 겐 족속

20. 그들은 겐 족속을 배려했기 때문이다.

21. 그들이 철 병거를 소유하였기 때문이다.

22. 예루살렘에 사는 여부스 족

23. 요셉 자손의 정찰병에게 벧엘 성으로 들어가는 길을 가르쳐준 사람

24. 쫓아내지 못하였다. 이스라엘 자손이 강해졌을 때에도 쫓아내지 않고 종으로 삼아 일을 시켰다.

25. 게셀에 사는 가나안 사람들과 함께 살았다.

26. 원주민들은 스불론 지파 가운데 살면서 종살이 하였다.

27. 원주민들과 함께 살았다.

28. 원주민을 쫓아내지 않고 그들과 함께 살면서 그들을 종으로 삼아 일을 시켰다.

29. 아모리 사람들에게 쫓겨 산속으로 들어갔고 그곳에서 평지에 내려오지도 못하고 살았다.

30. 요셉 자손들

31. 전혀 지키지 않았다.

32. (민 33:55) 너희의 눈과 옆구리를 찌르는 가시와 같이 너희를 괴롭히리라.
(수 23:13) 덫이나 함정 같은 위험스러운 존재가 되고 또 옆구리의 채찍이나 눈엣가시와 같은 고통스러운 존재가 될 것이다.

13회 답안 사사기(2-3장)

1. 내가 그들을 너희 앞에서 쫓아내지 아니하리니 그들이 너희 옆구리에 가시가 될 것이며 그들의 신들이 너희에게 올무가 되리라.

2. 이스라엘 백성이 소리 높여 울었다. 그리고 그곳을 보김이라 하고 거기서 여호와께 제사를 드렸다.

3. ① 여호수아의 죽은 나이: 110세
② 장사한 곳: 그의 기업의 경내 에브라임 산지 가아스 산 북쪽 딤낫 헤레스

4. ① 이유: 후손들에게 신앙교육의 책임을 다하지 못한 것이다.
② 깨달음: 후손들에게 올바른 영적 교육을 받게 하여 하나님을 바로 알게 해야 할 책임이 있음을 깨달았다.

5. 여호와께서 다시는 그들을 쫓아내주지 않을 것이라 맹세의 말씀을 하셨기 때문이다.
6. 이스라엘이 그 조상들이 지킨 것 같이 여호와의 도를 지켜 행하나 아니하나 알려 하신 것이다.
7. 가나안 사람, 헷 사람, 아모리 사람, 브리스 사람, 히위 사람, 여부스 사람
8. 8년
9. 갈렙의 아우 그나스의 아들 옷니엘
10. 40년
11. 18년
12. 베냐민 지파에 속한 게라의 아들 왼손잡이 에훗
13. 나를 따르라. 여호와께서 너희 대적 모압 사람을 너희 손에 붙이셨느니라.
14. 약 일만 명
15. 80년
16. 소 모는 막대기로 육백 명을 죽였다.

14회 답안 사사기(4-5장)

1. 하로셋에 거하는 시스라
2. 20년
3. 랍비돗의 아내 여선지자 드보라
4. 이스라엘 백성을 재판하였다.
5. 납달리 자손과 스불론 자손 일만 명을 거느리고 다볼 산으로 가라. 내가 야빈의 군대장관 시스라와 그 병거들과 그 군대를 기손 강가로 이끌어내어 네 손에 붙이리라.
6. 당신이 나와 함께 가면 내가 가려니와 당신이 나와 함께 가지 아니하면 나는 가지 않겠다.
7. 내가 반드시 너와 함께 가리라. 그러나 네가 가나안 왕 야빈을 치고 승리를 하여도 너는 승리의 영광을 얻지 못할 것이라. 여호와께서 시스라를 한 여인의 손에 넘겨주실 것이다.
8. 일만 명
9. 사아난님의 상수리나무 곁
10. 겐 사람 헤벨의 아내 야엘의 장막

11. 하솔 왕 야빈과 겐 사람 헤벨의 가족 간에 친분이 있었기 때문이다
12. 장막 말뚝을 그의 관자놀이에 대고 방망이로 쳐 죽였다.
13. 야엘, 드보라 여선지자의 예언 9절
14. 이스라엘의 하나님 여호와
15. 드보라
16. 이스라엘 백성들이 새 신들을 택하였으므로
17. ① 르우벤 ② 길르앗 ③ 단 ④ 아셀
18. 메로스
19. 겐 사람 헤벨의 아내 야엘
20. 천막 말뚝으로 시스라의 머리를 쳐서 박아 죽였다.
21. 시스라의 어머니
22. 드보라와 바락
23. 40년

15회 답안 사사기(6장)

1. 7년
2. ① (6:6) 그들을 대항할 힘이 없으므로 어쩔 도리가 없었다.
   ② (6:7) 미디안 사람들 때문에 이스라엘 자손이 여호와께 부르짖었다.
3. 그들에게 한 선지자를 보내사 이스라엘 백성이 하나님의 말씀을 듣지 아니한 것을 책망하셨다.
4. 밀을 타작하고 있었다.
5. 큰 용사여 여호와께서 너와 함께 계시도다.
6. 나의 주여 여호와께서 우리와 함께 계시면 어찌하여 이 모든 일이 우리에게 일어났습니까? 우리 조상들에게 행하신 여호와의 기적이 지금 어디 있습니까? 여호와께서 우리를 버려 미디안의 손에 붙이신 것입니다.
7. 겐 족속에게 드릴 첫 열매를 얻기 위하여 포도주 틀에 숨어서 타작한 첫 열매의 정신
8. "주여 내가 무엇으로 이스라엘을 구원하리이까 나는 므낫세 중에 극히 약하고 나는 내 아비 집에서 제일 작은 자니이다."

9. 내가 주께 은혜를 얻었사오면 나와 말씀하신 이가 주 되시는 표징을 내게 보이소서. 내가 예물을 가지고 다시 주께로 와서 그것을 주 앞에 드리기까지 이곳을 떠나지 마시기를 원하나이다.

10. "네가 돌아올 때까지 이곳에서 기다리겠다."

11. "고기와 빵은 이 반석 위에 놓고 그 위에 국을 쏟으라."

12. 여호와의 사자가 지팡이 끝을 내밀어 고기와 빵에 대매 불이 반석에서 나와 고기와 빵을 태워 버렸고, 그리고서 여호와의 사자는 떠나서 보이지 아니하였다.

13. 여호와를 위하여 거기서 단을 쌓고 이름을 여호와 살롬이라 하였다.

14. 아비의 가족과 그 성읍 사람들을 두려워하므로 낮에 하지 못하고 밤에 행하였다.

15. "너희가 바알을 위하여 싸울 작정이냐, 너희가 바알을 구원하겠느냐, 그를 위하여 싸우는 자는 이 아침에 죽음을 당하리라. 바알이 진짜 신이라면 그 단을 헐었으니 스스로 자신을 위해서 싸울 것이니라."

16. 그가 바알의 단을 헐었으므로 바알이 직접 그와 싸우게 하라는 말에서 유래하였다.

17. 아셀, 스불론, 납달리

18. 이튿날 기드온이 일찍이 일어나 양털을 짜니 물이 그릇에 가득히 되었으나 사면 땅에는 말라 있었다.

19. 그 밤에 하나님이 그대로 행하시니 양털만 마르고 사면 땅에는 다 이슬이 있었다.

16회 답안 사사기(7–8장)

1. ① 돌아간 백성 : 이만 이천 명

   ② 남은 자 : 일만 명

2. 300명

3. 이스라엘 군이 있는 골짜기 아래쪽에 진을 치고 있었다.

4. 그것은 이스라엘 사람 요아스의 아들 기드온의 칼날이라, 하나님이 미디안 군과 우리 모든 군대를 그의 손에 붙이셨다는 뜻이다.

5. 항아리 속에 횃불을 감추게 하려고 들게 했다.

6. 여호와를 위하라, 기드온을 위하라.

7. 납달리, 아셀, 므낫세

8. 오렙과 스엡, 두 사람의 머리를 잘라 기드온에게 가지고 갔다.

9. 미디안 사람들과 싸우러 갈 때 기드온이 에브라임 사람들을 부르지 않은 일.

10. 미디안에 대한 하나님의 심판을 포도 수확에 비유한 말로 에브라임 사람들이 미디안의 두 방백 오렙과 스엡을 죽인 전과가 이번 전투 중 가장 큰 전과였다는 칭찬의 뜻이다.

11. 여호와께서 세바와 살문나를 내 손에 붙이신 후에 내가 들가시와 찔레로 너희 살을 찢으리라.

12. 내가 승전하고 돌아올 때에 너희 망대를 헐리라.

13. 기드온이 징벌을 선언한 그 말대로 그들을 징벌하여 들가시와 찔레로 숙곳 사람들을 징벌하였고, 브누엘의 망대를 헐고 그 성읍 사람들을 죽였다.

14. 네가 직접 우리를 치라, 아직 어린 아이가 무엇을 하겠느냐?

15. 미디안 군은 이스마엘 사람들이므로 그들의 장식에는 금귀고리가 있었기 때문이다.

16. 일천칠백 세겔(약 19.4kg)

17. 에봇 하나를 만들어서 자기의 성읍 오브라에 두었다.

18. 에봇은 대제사장의 예복으로 하나님의 뜻을 알기 위해서 사용하였다. 당시 이스라엘의 성소는 실로에 있었으니 에봇이 있어야 할 곳은 실로의 성소가 되어야 했다. 그러나 기드온이 전쟁에 승리하여 높아진 마음으로 제사장의 권위를 업신여기고 자기의 고향 오브라에 에봇을 두고 사사로이 제사를 드리거나 우상숭배 하듯 에봇을 사용하므로 불신앙의 길로 전락하게 된 것이라 보여진다.

19. 사십 년

20. 그 집에 대하여 후대하지 아니하였다.

17회 답안 사사기(9-10장)

1. 기드온의 아들 곧 자기 형제 70명을 한 반석 위에서 죽였다.

2. 기드온의 막내아들 요담

3. 요담은 감람나무와 무화과나무와 포도나무가 왕이 되기를 거절한 이유에 대하여 말하였다. 감람나무는 내게서 기름을 짜서 하나님과 사람을 영화롭게 하는 것이 왕의 직분보다 귀하다 하였

고, 무화과나무는 아름다운 실과를 맺는 직분이 왕의 일보다 귀하다 하였고, 포도나무는 새 포도주를 내는 일이 왕의 일보다 더 귀하다 하였으나 가시나무는 왕 되길 좋아 하여 너희는 모두 내 그늘에 피하라 하였다. 요담은 가시나무와 같은 아비멜렉의 악행을 지적하면서 거짓된 자의 궤변을 옹호하고 따른 세겜 사람들에게 불의에 협조한 대가로 반드시 심판을 받을 것이며 불이 나와서 세겜 사람과 밀로 사람을 사르고 아비멜렉도 사를 것이라 하였다.

4. 자기 형 아비멜렉이 두려워서 브엘로 도망가서 살았다.
5. 세겜 사람들이 산들 꼭대기에 사람을 매복시켜 아비멜렉을 엿보게 하고 그 길로 지나가는 자를 다 겁탈하게 하니 아비멜렉도 그 사실을 알게 되었다.
6. 그 성의 통치자 스불
7. 소금을 뿌렸다.
8. 약 천 명 가량의 남녀가 불에 타죽었다.
9. 그 돌에 맞아 아비멜렉의 두개골이 부서졌다.
10. 기드온의 아들 요담
11. 그렇지 아니하면 아비멜렉에게서 불이 나와서 세겜 사람들과 밀로 족속을 사를 것이요, 또 세겜 사람들과 밀로 족속에게서도 불이 나와서 아비멜렉을 사를 것이니라.
12. 내가 선택한 일이 잘못된 결과를 가져올 수 있고 내가 선택한 일이 죽음의 결과를 초래할 수 있다. 그것은 내가 말씀의 불순종에서 오는 징계나 심판의 결과일 수 있으므로 무엇이든 선택할 때 하나님의 뜻을 먼저 묻고 겸손히 하나님께 순종해야 함을 깨닫게 하시는 말씀이다.
13. 돌라 23년, 야일 22년, 합 45년
14. ① 바알 ② 아스다롯 ③ 아람 신 ④ 시돈 신 ⑤ 모압 신 ⑥ 암몬 신 ⑦ 블레셋 신
15. 내가 애굽과 아모리와 암몬, 블레셋, 또 시돈, 아말렉, 마온(미디안)의 압제에서 너희를 구원하였다. 그런데 너희가 나를 버리고 다른 신들을 섬기니 내가 다시는 너희를 구원하지 아니하리라. 너희가 택한 신들에게 부르짖어 너희 환난 때에 너희를 구원하게 하라.
16. 이스라엘의 곤고함을 인하여 마음에 근심하셨다.
17. "그가 길르앗 모든 거민의 머리가 되리라."

18회 답안 사사기(11-12장)

1. 너희가 전에 나를 미워하여 내 아버지 집에서 나를 쫓아내지 아니하였느냐, 그런데! 환난을 당하게 되니 나를 찾아온 것이 무엇이냐.
2. 내가 가서 암몬과 싸울 때 여호와께서 내게 승리를 주신다면 나를 머리로 삼겠다는 말이 사실이냐.
3. 입다가 길르앗 장로들 그리고 백성들과 맺은 모든 계약조건을 모두 여호와께 말씀드렸다.
4. 암몬 왕에게 사신을 보내어 무엇 때문에 내 땅을 치려 하느냐고 질문하였다.
5. 이스라엘이 애굽에서 올라올 때에 아르논에서 얍복과 요단까지 내 땅을 빼앗은 것 때문이니 이제 그 땅을 순순히 내 놓으라고 하였다.
6. 암몬 왕은 입다가 말한 것을 듣지 아니하였다.
7. 자기 옷을 찢으며 말하기를 "슬프다. 내 딸이여 너는 나로 참담케 하는 자요, 괴롭게 하는 자 중의 하나로다. 내가 여호와께 서원하였으니 능히 돌이키지 못하리로다" 하였다.
8. "아버지께서 여호와께 서원대로 내게 행하소서" 하였다.
9. 나에게 두 달만 여유를 주셔서 내 친구들과 함께 산에 올라가서 내가 처녀로 죽게 된 것을 슬퍼하며 울게 해주십시오.
10. 4일
11. 사만 이천 명
12. ① 6년 ② 길르앗의 한 성읍
13. 입산: 7년, 엘론: 10년, 압돈: 8년

19회 답안 사사기(13-14장)

1. 블레셋
2. 단 지파
3. 나실인
4. 구원하기 시작할 것이라.
5. ① 겐 족속 ② 레갑의 조상 함맛(멜기세덱의 별명)
6. 여호와께 기도하기를 "주의 보내셨던 사람을 우리에게 다시 임하게 하사 우리가 낳을 아이에 대하여 어떻게 행할 것을 가르치게 하옵소서"라고 하였다.
7. 염소새끼 하나
8. 사람인 선지자로만 생각한 것이다.
9. 기묘
10. 땅에 얼굴을 대고 엎드렸다.
11. 여호와께서 우리를 죽이려 하셨더라면 우리 손에서 번제와 소제를 받지 않았을 것이요, 우리에게 아들이 태어나리라는 말씀도 하시지 않았을 것이라고 하였다.
12. 삼손
13. 딤나
14. 블레셋 사람은 할례를 받지 아니한 이방인이므로 반대하였다.
15. 어린 사자
16. 맨손으로 그 사자를 염소새끼를 찢음 같이 찢었다.
17. 벌떼와 꿀
18. "먹는 자에게서 먹는 것이 나오고 강한 자에게서 단 것이 나오는 것은 무엇인가?"
19. 삼손 앞에서 울면서 "당신은 나를 미워하고 사랑하지 않는가 봐요. 당신이 우리 백성에게 수수께끼를 말하고 그 답을 내게 말해주지 않았잖아요"라고 말하였습니다.
20. "너희가 내 암송아지로 밭 갈지 아니하였다면 내 수수께끼를 능히 풀지 못하였으리라."
21. 아스글론
22. 삼손의 친구 되었던 그 동무에게 준 바 되었다.

20회 답안 사사기(15-16장)

1. 여우 300마리를 잡아 두 마리씩 서로 꼬리를 붙들어 매고 그 매듭에 홰를 단 다음 거기에 불을 붙여 블레셋 사람의 곡식밭으로 내몰아 베어놓은 밀단과 아직 베지 않은 곡식과 감람원을 모조리 태워 버렸다.
2. "너희가 이런 짓을 행하였으니 내가 반드시 원수를 갚고야 말리라" 하고 그들을 쳐서 수 없이 죽이고 에담 바위 동굴에 머물렀다.
3. 나귀의 새 턱뼈로 1000명을 죽였다.
4. 엔학고레
5. 가사 성의 문짝과 두 기둥과 빗장을 뽑아 어깨에 메고 헤브론 앞산 꼭대기로 올라갔다.
6. 각각 은화 일천 일백 개
7. 그를 묶은 칡 끊기를 불탄 삼실 같이 하였다.
8. 새 밧줄을 실 끊듯이 끊어 버렸다.
9. 당신의 마음이 내게 있지 아니하면서 어떻게 나를 사랑한다고 말할 수 있어요. 당신이 나를 세 번이나 희롱하고 당신의 힘의 근원을 말하지 않았어요.
10. 나실인
11. 블레셋 사람이 그를 잡아 그 눈을 빼고 가사로 끌고 가서 놋줄로 묶어 그로 옥에서 맷돌을 돌리게 하였다.
12. 다시 자라기 시작하였다.
13. 이 집을 버틴 기둥을 찾아서 그것을 의지하게 하라.
14. 블레셋 사람과 함께 죽기를 원합니다.
15. 다곤의 신전이 무너져 그 집에 있던 모든 방백들과 모든 백성들이 다 죽었다.
16. 20년

21회 답안 사사기(17-18장)

1. 내 아들이 여호와께 복 받기를 원하노라.
2. 여호와의 이름을 망령되이 일컫는 말이다.
3. 자신의 저주한 것이 아들에게 미칠까 두려워 저주를 무효화시키려 함이었다.
4. 타락한 종교에서 나온 미신적인 신앙이다.
5. 레위인이 내 제사장이 되었으니 이제 여호와께서 내게 복 주실 것이다.
6. 미가의 집
7. 우리의 행하는 길이 형통할지 하나님께 물어 알게 해 달라.
8. 평안히 가라. 너희의 행하는 길은 여호와 앞에 있느니라.
9. 일어나서 그들을 치러 올라가자. 그 땅 얻기를 게을리하지 말자. 그 땅은 넓고 세상에 부족함이 없는 곳이다. 그 땅은 하나님이 우리에게 주신 땅이다.
10. 마하네단(단 지파가 진 친 곳)
11. 마음에 기뻐하여 에봇과 드라빔과 새긴 우상을 받아들고 단 지파 속으로 들어가 그들과 함께 떠났다.
12. 단 자손이 자기보다 강한 것을 보고 집으로 돌아갔다.
13. 단
14. 미가의 집에서 제사장으로 있던 레위 소년
15. 단 자손이 타락하여 우상숭배에 깊이 빠져 있었음을 알게 하는 말씀이다.

22회 답안 사사기(19-21장)

1. 이스라엘 자손에게 속하지 아니한 이방인의 성읍에 가서 유숙할 수는 없다. 기브아나 라마 중 어느 한 곳으로 가서 거기서 유숙하자.
2. 그대는 안심하라. 그대가 필요한 것은 내가 다 댈 것이다. 거리에서 잘 수는 없지 않은가? 하고 자기 집으로 영접하여 나귀에게 먹이를 주고 발을 씻게 하고 함께 먹고 마시었다.
3. 열두 토막으로 잘라서 이스라엘 열두 지파에게 한 토막씩 보내었다.
4. 이스라엘 백성이 이집트에서 나온 후 이런 끔찍한 일은 한 번도 없었고, 이런 일을 본 적도 없다 하며, 생각해 보고 상의한 후에 결정하자 하였다.
5. 기브아를 치려고 하나 같이 뭉쳤다.
6. 이스라엘 형제들의 말을 듣지 아니하고 오히려 그들과 싸우려고 베냐민 모든 성에서 기브아로 모였다.
7. 각 성에서 모여든 이만 육천 명과 기브아에서 뽑힌 자 칠백 명, 도합 26,700명이었다.
8. ① 벧엘 ② 아론의 손자이며 엘르아살의 아들인 비느하스
9. 올라가라. 내일은 내가 그를 네 손에 붙이리라.
10. 이만 오천백 명
11. 온 성읍과 가축과 만나는 자를 다 칼로 쳐 죽이고 모든 성읍에 불을 질렀다.
12. 단을 쌓고 번제와 화목제를 드렸다.
13. 야베스 길르앗 거민들
14. 400명
15. 이스라엘의 한 지파가 영원히 사라지지 않도록 그들에게 자식을 낳게 해준 것이다.
16. 누구든지 자기 딸을 베냐민 사람에게 시집 보내면 저주 받을 것이라 맹세하였기 때문이다.
17. 포도원에 숨어 있다가 실로의 여자들이 춤을 추러 나왔을 때 그들을 하나씩 붙들어 베냐민 땅으로 돌아가라 하는 것이었다.
18. 그 말대로 행하여 춤추는 여자들을 자기들 수효대로 붙들어 자기 땅으로 데리고 가서 성을 재건하고 거기서 살았다.
19. 예수 그리스도를 우리 마음에 영접하여 그리스도를 왕으로 삼고, 그분의 다스림을 받으며 그 말씀에 순종하는 것이 가장 필요한 대책이라 사료된다.

23회 답안 룻기(1-2장)

1. ① 엘리멜렉의 아내 이름: 나오미
   ② 두 아들의 이름: 말론, 기룐
2. 10년
3. '아닙니다, 우리는 어머니와 함께 어머니의 백성에게로 돌아가겠습니다' 라고 하였다.
4. 나로 어머니를 떠나며 어머니를 따르지 말고 돌아가라 강권하지 마옵소서. 어머니께서 가시는 곳에 나도 가고 어머니께서 유숙하는 곳에 나도 유숙하겠나이다. 어머니의 백성이 나의 백성이 되고 어머니의 하나님이 나의 하나님이 되시리니 어머니께서 죽으시는 곳에서 나도 죽어 거기 장사될 것입니다. 만일 내가 죽는 일 외에 어머니와 떠나면 여호와께서 내게 벌을 내리시고 더 내리시기를 원합니다.
5. '나를 나오미(즐거운, 행복한)라 부르지 말고 마라(괴로움)라 부르라. 이는 전능자가 나를 심히 괴롭게 하셨음이라. 여호와께서 나를 징벌하시고 빈손으로 돌아오게 하셨거늘 내가 어찌 나오미라 칭함을 받겠느냐' 고 하였다.
6. 보리 추수를 시작할 때
7. 보아스
8. 엘리멜렉의 친족 보아스에 속한 밭
9. 내 딸아, 들어라, 이삭을 주우러 다른 밭으로 가지 말고 여기서 우리 집 여자 일꾼들과 함께 있으면서 이삭을 줍도록 하라, 내가 젊은 남자들에게 그대를 건드리지 말라고 단단히 타일러 놓았으니, 목이 마르거든 일꾼들이 길어온 물을 마시면서, 여기서 이삭을 줍도록 하라.
10. 나는 이방 여인이어늘 당신이 어찌하여 내게 은혜를 베푸시며 나를 돌아보시나이까.
11. 내 주여 내가 당신께 은혜 입기를 원하나이다. 나는 당신의 시녀 중 하나와 같지 못한데도 당신이 이 시녀를 위로하시고 마음을 기쁘게 하는 말씀을 하셨습니다.
12. 한 에바(약 한 말 정도)
13. 그 사람은 우리의 가까운 친척 중 하나이며 우리 기업(후손 또는 자손)을 이어줄 책임도 가진 자다.
14. 보리 추수와 밀 추수를 마칠 때까지 이삭을 주우며 시모와 함께 살았다.

24회 답안 룻기(3-4장)

1. 결혼하게 하여 복된 가정을 이루게 해준다는 것
2. 기업 무를 자, 자식 없이 죽은 사람의 미망인에게 자식을 낳게 해줄 의무를 가진 사람
3. ① 목욕하고 ② 기름을 바르고 ③ 의복을 입고
4. 당신은 우리 기업을 무를 자가 됨이니이다.
5. 자기 부모와 조국을 떠나 홀로 된 시모를 따라 유다까지 와서 시모를 섬기며 봉양한 일과 나이 많은 보아스와 결혼하여 죽은 남편의 기업을 이어 주려한 전 남편에 대한 의리를 높이 평가한 말이다.
6. 잠언 31장 10절
7. 여섯 번
8. ① 끝까지 할 것이다. ② 성실히 할 것이다. ③ 완전하게 할 것이다.
9. ① 내가 물려받겠다고 하였다. ② 10명
10. 신을 벗어 그 이웃에게 주었다.
11. 우리가 증인이 되노니 여호와께서 네 집에 들어가는 여인으로 이스라엘 집을 세운 라헬, 레아 두 사람과 같게 하시고 너로 에브랏에서 유력하고 베들레헴에서 유명케 하시기를 원하며, 여호와께서 그 젊은 여자로 네게 후사를 주사 네 집으로 다말이 유다에게 낳아준 베레스의 집과 같게 하시기를 원하노라.
12. 오벳
13. 이새
14. 다윗
15. 10대
16. ① 살몬 ② 보아스
17. 증조부

문답으로 기억되는 성경(여호수아 · 사사기 · 룻기)

1판 1쇄 인쇄 _ 2016년 1월 25일
1판 1쇄 발행 _ 2016년 1월 30일

지은이 _ 김백문
펴낸이 _ 이형규
펴낸곳 _ 쿰란출판사

주소 _ 서울특별시 종로구 이화장길 6
편집부 _ 745-1007, 745-1301~2, 747-1212, 743-1300
영업부 _ 747-1004, FAX 745-8490
본사평생전화번호 _ 0502-756-1004
홈페이지 _ http://www.qumran.co.kr
E-mail _ qrbooks@gmail.com/qrbooks@daum.net
한글인터넷주소 _ 쿰란, 쿰란출판사
등록 _ 제1-670호(1988.2.27)

 ISBN 978-89-6562-745-6 94230
978-89-6562-647-3 (세트)

책값은 뒤표지에 있습니다.